EDIT DU ROY

PORTANT REGLEMENT

POUR L'ESTUDE

DU DROIT CANONIQUE

ET CIVIL, *59 feuilles*

DANS TOUT LE ROYAUME:

ET LE RE'TABLISSEMENT DU DROIT CIVIL
en la Faculté de Droit Canon en l'Université
de Paris ; *Du mois d'Avril 1679*
registré au Parlem. le 8 may 1679

ENSEMBLE LES REGLEMENS, STATUTS,
Resultats d'Assemblées & autres Actes en éxecution
de l'Edit de Sa Majesté.

Avec les Harangues des six Docteurs Regens,
prononcées à l'ouverture des Escoles.

A PARIS,

Chez François le Cointe Imprimeur ordinaire
de la Faculté , vis-à-vis le College de Reims.

M. DC. LXXX.

Avec Privilege de Sa Majesté.

PIECES CONTENUES
EN CE RECUEIL.

Extraites en partie des Regiſtres de la Faculté
de Droit de Paris.

ã ij

ses ayans cause, sans aucun trouble & empêchement. Voulons qu'en mettant au commencement ou à la fin de chacun desdits Ouvrages concernant ladite Faculté du Droit, copies des Presentes ou extrait d'icelles, & aux copies collationnées par l'un de nos Amez & Feaux Conseillers & Secretaires, elles soient tenües pour bien & düement signifiées, & que foy y soit ajoutée comme à l'Original. Mandons au premier nôtre Huissier ou Sergent sur ce requis, faire pour l'execution des Presentes tous Exploits, saisies, Arrests & autres Actes de Justice requis & necessaires, sans demander autre Permission, nonobstant oppositions ou appellations quelconques, clameur de haro, chartre Normande prises à partie & Lettres à ce contraires : Car tel est nôtre plaisir. Donné à Saint Germain en Laye le vingt-neuviéme jour de Mars l'an de grace mil six cens quatre-vingt, & de nôtre Regne le trente-septiéme. Signé Par le Roy en son Conseil, JUNQUIERES.

Registré sur le Livr. de la Communauté des Libraires & Imprimeurs de Paris, le cinquiéme Avril 1680. suivant l'Arrest du Parlement, du huitiéme Avril 1653. & celuy du Conseil Privé du Roy du vingt-septiéme Fevrier 1665.
Signé C. ANGOT Syndic.

Achevé d'imprimer pour la premiere fois le 25. Avril 1680.

Il s'est glissé dans l'Impression quelques fautes, entre lesquelles les suivantes ont été particulierement remarquées. Le Lecteur sera assez obligeant pour suppléer aux autres.

PAg. 22. lin. penult. leg. facultates. Pag. 26. li. 24. le. Maii promulgatum. Pag. 85. l. 14. melioribus tandem. Pag. 86. l. 6. ante se. Pag. 71. l. penult. & ult. à *quem* ad *in* claude intra parenthesim. Pag. 73. l. 22. del. *mihi.* Pag. 79. pro sæpius l. aliàs l. 13. Pag. 81. l. 20. pro illius l. Romani. Pag. 82. æque l. quæ. Pag. 83. l. 7. l. posset. l. 13. l. habebant. l. 20. aberrare l. abscedere. Pag. 87. l. 9. pro quoque l. unicuique. Pag. 88. l. 17. pro dicendum. l. dicundum. Pag. 91. l. 12. pro cujuslibet l. quibuslibet. Pag. 93. l. 7. add. Guillelmus. Pag. 94. l. 25. conciliare. Pag. 100. l. 11. l. varietate. l. 20. pro in l. id. Pag. 101. Pro audivistis l. intellexistis. Pag. 110. l. 26. pro celebrant l. celebraret. Pag. 111. l. 22 l. aperturus. Pag. 117. ad marg. l. de brevitate. Pag. 118. l. antep. l Nomophili. Pag. 119. l. 1. l. ulnis non excipiatis ? Pag. 125 l. penult. delectet labor, tolle virgul. Pag. 126. l. 4. l. cum possit imò beneficâ &c. dele alia. Pag. 128 l. 17. l. lectis ex Ecclesiastico & equestri ordine. Pag. 129. l. 10. l. fœliciter. l. 25. l. Archipræsulem, Ducem & primum Franciæ Parem. Pag. 130. post *mitto* adde DIXI.

EDIT

EDIT DU ROY,

PORTANT REGLEMENT

POUR L'ETUDE DU DROIT

CANONIQUE ET CIVIL.

LOUIS PAR LA GRACE DE DIEU Roy de France et de Navarre: A tous presens & à venir: Salut. L'application que Nous avons été obligez de donner à la Guerre, que Nous avons soutenuë contre tant d'ennemis, ne Nous a point empêchez de faire publier plusieurs Ordonnances pour la reformation de la Justice : A present qu'il plaist à Dieu Nous faire joüir d'une Paix glorieuse, Nous trouvans plus en état que jamais de donner nos soins pour faire regner la Justice dans nos Etats : Nous avons crû ne pouvoir rien faire de plus avantageux pour le bonheur de nos Peuples , que de donner à ceux qui se destinent à ce ministere les moyens d'acquerir la doctrine & la capacité necessaires, en leur

A

imposant la necessité de s'instruire des principes de la Jurisprudence, tant des Canons de l'Eglise & des loix Romaines, que du Droit François. Ayant d'ailleurs reconnu que l'incertitude des Jugemens, qui est si préjudiciable à la fortune de nos Sujets, provient principalement de ce que l'Etude du Droit Civil a été presque entierement negligé depuis plus d'un siecle dans toute la France, & que la profession publique en a été discontinuée dans l'Université de Paris. Sçavoir faisons, que Nous pour ces causes & autres à ce Nous mouvans, de l'avis de nôtre Conseil, & de nôtre certaine science, pleine puissance & autorité Royale : Avons dit, statué & ordonné, disons, statuons & ordonnons par ces Presentes signées de nôtre main.

I.

Que dorénavant les Leçons publiques du Droit Romain, seront rétablies dans l'Université de Paris, conjointement avec celles du Droit Canonique, nonobstant l'Article 69. de l'Ordonnance de Blois, & autres Ordonnances, Arrests & Reglemens à ce contraires, ausquels Nous avons dérogé à cét égard.

II.

Qu'à commencer à l'ouverture prochaine, qui se fera des Ecoles, suivant l'usage des lieux, le Droit Canonique & Civil sera enseigné dans toutes les Universitez de nôtre Royaume & Païs de nôtre obeïssance, où il y a Faculté de Droit, & que dans celles où l'exercice en auroit été discontinué, il y sera rétabli.

III.

Et afin de renouveller les Statuts & Reglemens, tant de la Faculté de Paris, que des autres, & de pourvoir à la Discipline desdites Facultez, à l'ordre & distribution des Leçons, & à l'entretien des Professeurs : Voulons & ordonnons, qu'aprés la publication qui sera faite des Presentes, il sera tenu une Assemblée dans chacune desdites Facultez, en presence de ceux qui auront ordre d'y assister de nôtre part, pour nous donner avis sur toutes les choses qui seront estimées utiles & necessaires pour le rétablissement desdites Estudes du Droit Canonique & Civil.

IV.

Enjoignons aux Professeurs de s'appliquer particulierement à faire lire & faire entendre par leurs Ecoliers, les Textes du Droit Civil & les anciens Canons, qui servent de fondement aux Libertez de l'Eglise Gallicane.

V.

Défendons à toutes personnes, autres que lesdits Professeurs d'enseigner & faire Leçon publiquement dudit Droit Canonique & Civil, à peine de trois mille livres d'amende, appliquable moitié aux Professeurs, & l'autre moitié à nôtre profit, d'être déchus de tous les Degrez qu'ils pourroient avoir obtenu, & d'être declarez incapables d'en obtenir aucuns à l'avenir : Ce que Nous voulons avoir aussi lieu contre ceux qui prendroient les leçons desdits Particuliers.

VI.

Déclarons que nul ne pourra prendre aucuns Degrez, ny Lettres de Licence en Droit Canonique ou Civil, dans aucunes des Facultez de nôtre Royaume & païs de nôtre obeïssance, qu'il n'ait étudié trois années entieres, à compter du jour qu'il se sera inscrit sur le Registre de l'une desdites Facultez ; qu'il n'ait assisté à deux Leçons differentes par jour, pendant lesdites trois années ; & qu'il n'ait écrit ce qui sera dicté par lesdits Professeurs ; desquels il sera tenu de prendre à la fin desdites trois années les Attestations, & de les faire enregistrer au Greffe de la Faculté, dans laquelle il aura étudié.

VII.

Ordonnons, que ceux qui voudront prendre les Degrez, seront tenus aprés deux années d'étude, de subir un Examen particulier ; Et s'ils sont trouvez suffisans & capables, ils soutiendront un Acte publiquement, pendant deux heures au moins, pour être reçus Bacheliers. Et pour obtenir les Lettres de Licence, ils subiront un second Examen à la fin desdites trois années d'étude ; aprés lequel ils soutiendront un Acte public, & répondront tant du Droit Canonique que Civil, pendant trois heures au moins.

VIII.

Que ceux qui voudront être Docteurs dans lesdites Facultez, seront tenus de soutenir un troisiéme Acte un an aprés celuy des Licences, & de répondre pendant quatre heures sur de differentes Matieres de l'un & l'autre Droit.

IX.

A l'égard des Ecclesiastiques qui ne voudront obtenir les Degrez qu'en Droit Canon, ils pourront seulement répondre dudit Droit; sans neanmoins que ceux qui voudront requerir les Benefices en vertu de leurs Degrez, puissent prétendre que lesdites trois années d'étude, soient suffisans au préjudice du temps requis par les Concordats & Arrests, ausquels nous n'entendons déroger à cét égard.

X.

Voulons que dans chacune desdites Facultez, il soit tenu des Assemblées de Professeurs, Docteurs, & Agregez, à certains jours prescrits; pour recevoir les Suppliques de ceux qui voudront prendre les Degrez, pour leur donner des Examinateurs & Présidens, particulierement pour leur donner leur voix par Scrutin, pour l'admission des Bacheliers Licentiez, ou Docteurs qui auront soutenu; lesquels en cas d'incapacité, seront renvoyez pour étudier pendant six mois, ou un an : Et sera procedé audit Scrutin par lesdits Professeurs, Docteurs & Agregez, qui auront assisté ausdits Actes, avec toute la rigueur & exactitude requises, dont nous chargeons leur honneur & conscience.

XI.

Défendons tres-expressément ausdits Professeurs de manquer à leurs Leçons, sous pretexte de présider ou assister ausdits Actes, lesquels se feront dans les Salles à ce destinées, à tels jours & heures qui ne puissent interrompre l'ordre desdites Ecoles.

XII.

Défendons pareillement auſdits Profeſſeurs de diſpenſer qui que ce ſoit des Reglemens, ny de donner les Atteſtations des années d'étude, qui ne ſoient tres-veritables, à peine contre leſdits Profeſſeurs de privation de leurs Charges, & contre ceux qui ſe ſerviroient deſdites diſpenſes & fauſſes atteſtations, d'être déchus de leurs Degrez, & déclarez incapables d'en obtenir.

XIII.

Pour exciter d'autant plus leſdits Profeſſeurs à faire leur devoir, Voulons & ordonnons que ceux deſdits Profeſſeurs qui auront enſeigné pendant vingt années, ſoient reçus dans toutes les Charges de Judicature ſans Examen, & que l'ancien de chacune deſdites Facultez aprés avoir enſeigné vingt ans entiers, ait entrée & voix deliberative dans l'un des Sieges, Baillages ou Préſidiaux, en vertu des Lettres que nous luy en ferons expedier.

XIV.

Et afin de ne rien obmettre de ce qui peut ſervir à la parfaite inſtruction de ceux qui entreront dans les Charges de Judicature; Nous voulons que le Droit François contenu dans nos Ordonnances & dans les Coutumes, ſoit publiquement enſeigné: Et à cét effet, Nous nommerons des Profeſſeurs qui expliqueront les Principes de la Juriſprudence Françoiſe, & qui en feront des Leçons publiques, aprés que Nous aurons donné les ordres neceſſaires pour le rétabliſſement des Facultez de Droit Canonique & Civil.

XV.

Et parce qu'il importe de pourvoir à ce que nul par artifice ou autrement ne puiſſe être diſpenſé d'étudier pendant les années preſcrites par nôtre preſente Declaration, avec l'aſſiduité que Nous deſirons. Voulons que ceux qui étudieront dans toutes les Univerſitez de nôtre Roiaume, ſoient tenus de s'inſcrire de leur main quatre fois par an dans un Regiſtre qui ſera pour cét effet tenu dans chaque Univerſité, & d'écrire auſſi de leur main la premiere fois, le jour qu'ils auront commencé d'étudier, & les autres fois qu'ils ont continué leurs études, outre lequel Regiſtre ſeront tenus tous les trois mois des cahiers, où leſdits Ecoliers écriront auſſi de leur main la même choſe que ſur le Regiſtre leſquels cahiers ſeront envoyez par le Greffier des Univerſitez aux Officiers du Parquet de nos Parlemens, dans le reſſort deſquels ſont ſituées leſdites Univerſitez, ainſi qu'il s'eſt pratiqué ci-devant; A l'égard des Univerſitez du Reſſort du Parlement de Paris, défendons à nos Avocats & Procureurs Generaux de viſer aucune Licence, qu'ils n'ayent auparavant verifié que ceux qui les ont obtenuës, ont actuellement étudié le temps porté par nôtre preſente Declaration; & à l'égard de ceux qui auront obtenu des Licences dans une Univerſité qui ne ſera pas du Reſſort du Parlement où ils voudront être reçus Avocats, ils ſeront tenus de rapporter une atteſtation en bonne forme des Officiers du Parquet du Parlement, dans le Reſſort duquel l'Univerſité dont ils auront obtenu

les Licences fera fituée , portant qu'ils fe font inf-
crits fur les feüilles de ladite Univerſité , & qu'ils
ont accompli le temps d'étude porté par nôtre
preſente Declaration ; Autrement défendons à tous
Avocats de les preſenter au ferment d'Avocat ; &
à nos Cours de les recevoir , & declarons leurs receptions nulles.

XVI.

Ordonnons que les matricules d'Avocats feront
inſcrites & expediées fur le dos des Lettres de Licence , lefquelles feront viſées par nos Avocats &
Procureurs Generaux , & que ceux qui voudront
entrer dans les Charges de Judicature , feront tenus aprés avoir preté le ferment d'Avocat d'affi-
fter affiduëment aux Audiances des Cours & Sieges où ils feront leur demeure , pendant deux ans
au moins , & d'en prendre les atteſtations en bonne forme chaque année , tant de nos Avocats que
du Bâtonnier ou Doyen des Avocats.

XVII.

Que les atteſtations du temps d'étude duëment
regiſtrées au Greffe defdites Facultez , les Lettres
de Bachelier & de Licentié endoffées du ferment
d'Avocat , & les Certificats d'affiduité aux Audiances pendant deux années , feront attachées fous le
contre-fcel de toutes les Proviſions des Charges
de Judicature , dans lefquels en outre il fera mis
une claufe expreffe , que ceux qui n'auront pas fa-
tisfait à nôtre preſente Declaration , feront fujets
aux mêmes peines que ceux qui ont des parens au
degré prohibé par l'Ordonnance , ou n'ont pas l'â-
ge

se prescrit par icelle ; Voulons même que nos Procureurs Generaux ou leurs Substituts puissent en cas que l'on doute de la verité du contenu desdites attestations, Lettres & Certificats, requerir d'office, verifications, ou être fait à leur diligence.

XVIII.

Enjoignons à toutes nos Cours & Sieges de vaquer à l'avenir avec soin & exactitude à l'examen des Officiers qui s'y presenteront pour être reçus, leur défendons d'en recevoir deux en même temps ; & ordonnons que les Compagnies seront tenuës de s'assembler à huit heures précises du matin ou à deux heures aprés midy, en cas de surcharge d'affaires seulement pour proceder ausdits Examens & receptions, & qu'au meme temps que l'on donnera la Loy, ou qu'elle sera portée dans les autres Chambres, il sera deputé nombre suffisant en chacune desdites Compagnies, & deux Conseillers au moins de chaque Chambre dans les Compagnies où il y en aura plusieurs, pour disputer contre l'Officier qui se presentera, tant sur la Loy que sur les fortuites & la pratique.

XIX.

Et considerant que plusieurs personnes sans avoir fait aucun étude de Droit, ayans, suivant la pratique ordinaire, obtenu des Lettres de Licence, & ensuite preté le serment d'Avocat, il ne seroit pas convenable au bien & à l'administration de la Justice, qu'ils pussent être admis aux Charges de Judicature, sans avoir acquis les connoissances necessaires pour ce Ministere : Voulons & ordon-

B

nons, que nonobſtant leſdites Lettres de Licence
& Matricules d'Avocats, ceux qui voudront entrer
dans leſdites Charges de Judicature ſoient tenus :
Sçavoir , ceux qui au premier jour de la preſente
année, auront au moins de vingt ans accomplis,
de faire leurs études de Droit pendant le temps
porté par nôtre preſente Declaration ; de ſubir les
Examens, & ſoutenir des Actes pour obtenir de
nouvelles Licences & Matricules d'Avocats, & ſa-
tisfaire à tout ce qui eſt porté par nôtre Declaration. Et ceux qui ſe ſeront trouvez dans un âge
au delà deſdits vingt ans accomplis, d'aſſiſter aſſi-
duëment & ſans aucune intermiſſion , aux Audiances des Cours & Sieges de leur demeure, pendant
quatre années conſecutives, ſi tant il leur en reſte,
pour parvenir à l'âge convenable pour être pourvu deſdites Charges de Judicature. Et qu'à l'égard
de ceux qui n'ont point obtenu leſdites Lettres de
Licence, ny preté le ſerment d'Avocat, & qui ſeront trop âgez pour employer les années preſcrites par nôtredite Preſente Declaration, juſques à
ce qu'ils puiſſent entrer en Charge, ils ſoient tenus, dans un mois, du jour de la publication des
Preſentes, de repreſenter leur extrait Baptiſtaire
pardevant le Juge ordinaire de leur domicile, de
le faire enregiſtrer au Greffe de la Faculté de Droit,
dans laquelle ils voudront étudier, & d'employer
le temps qui leur reſte, juſques à ce qu'ils puiſſent
être pourvûs de Charges de Judicature ; tant à aſſiſter aux Audiances des Cours & Sieges où ſeront
ſituées leſdites Facultez, qu'à prendre deux leçons

publiques par jour au moins, pour enfuite obtenir les degrez de Bachelier & de Licentié, fuivant les intervalles qui feront reglées à proportion de leurs âges.

XX.

Et en confequence, défendons dés-à-prefent à toutes les Facultez de Droit du Royaume & Païs de nôtre obeïffance de delivrer aucunes Lettres de Licence en Droit Canonique & Civil, & à nos Cours de recevoir qui que ce foit au ferment d'Avocat, que conformément à nôtre prefente Declaration. Ordonnons à cet effet, que les Regiftres defdites Facultez de Droit feront clos & paraphez par les Lieutenans Generaux des Sieges dans le Reffort defquels lefdites Facultez font fituées, en prefence des Subftituts de nos Procureurs Generaux efdits Sieges, & qu'il en fera ufé de même és Regiftres des Matricules des Avocats, par un des Confeillers de nos Cours de Parlemens; qui fera à ce commis, auffi en prefence de nos Procureurs Generaux en icelles, le tout auffi-tôt que la prefente Declaration fera publiée dans nofdites Cours, & aura été envoyée dans les Baillages & Sénéchauffées. Defquels Regiftres des Facultez de Droit & des Matricules d'Avocats, ainfi clos & paraphez, nofdits Procureurs Generaux & leurs Subftituts chacun en droit foy, envoyeront inceffamment des copies figurées & collationnées par les Lieutenans Generaux des Sieges & Confeillers de nofdites Cours qui les auront paraphez à nôtre tres-cher & feal le fieur le Tellier Chance-

lier de France. Si donnons en mandement à nos
amez & feaux les Gens tenans nôtre Cour de Parlement de Paris, Ballifs, & Sénéchaux, & tous autres nos Justiciers & Officiers qu'il appartiendra,
que ces Presentes ils aient à enregistrer, & le contenu en icelles faire entretenir, garder & obser-
ver selon leur forme & teneur, sans y contrevenir,
ny souffrir qu'il y soit contrevenu en quelque sorte & maniere que ce soit; Car tel est nôtre plaisir. Et afin que ce soit chose ferme & stable à tou-
jours, Nous avons fait mettre nôtre scel à cesdi-
tes presentes. Donné à saint Germain en Laye au
mois d'Avril, l'an de grace 1679. & de nôtre Regne le trente-sixiéme. Signé L O U I S : Par le Roy,
C O L B E R T ; Et scellées du grand sceau de cire
verte.

*Luës, publiées & registrées, ouy, & ce requerant le Pro-
cureur General du Roy, pour être executées selon leur forme &
teneur, & copies collationnées, envoyées aux Baillages & Sénéchauffées du reffort, pour y être pareillement luës, publiées &
registrées. Enjoint aux Substituts du Procureur General du Roy
d'y tenir la main, & d'en certifier la Cour au mois. A Paris
en Parlement le huitiéme May 1679. Signé, D O N G O I S.*

RESULTAT DE L'ASSEMBLE'E *générale & extraordinaire, convoquée par M*. *le Doyen d'honneur, dans laquelle* MM*. DE BESONS, BIGNON, & COLBERT D'ORMOY *ont été élus Docteurs honoraires; & l'avis donné du réta-blissement de l'Etude du Droit Civil à Paris.*

Die Lunæ x. Aprilis M. DC. LXXIX.

HABITA sunt horis pomeridianis gene-ralia & extraordinaria Facultatis Comitia, quæ indixerat & quibus præfuit Vir Illus-triss^mus D. CLAUD. LE PELETIER Sacri Con-sistorii Comes ordinarius, Urbis Expræfectus, & Facultatis Decanus honoris. Ad lævam pro more as-sidebat Clarissimus Antecessor *M. Joannes Doujat* Regiorum Professorum Primicerius & Scholæ Se-nior, tum etiam pro more ex eodem latere *M. Pe-trus Hallé* Regius Professor & ex Syndico Quæstor. *M. Michael de Loy* Syndicus. *M. Stephanus de Mel-les* Decanus in actu Facultatis. *M. Jacobus Baudin* Censor, & Professor Regius, & *M. Joannes Cugnet* omnes Antecessores. Ad alterum latus sedebant or-dine, Illustrissimus D. JOANNES DE CONTES Comes Consistorianus & Ecclesiæ Parisiensis Decanus : Clariſſimi & venerabiles viri *Claudius Joly* ejuſdem Eccleſiæ Præcentor : *Joannes S. Jean Grangier*, ejuſdem Eccleſiæ Canonicus : Clariſſimi viri *Ægidius Menage* , & *Petrus Daniel Huet* Abbates, *Olivarius Patru*, *Joannes Iſſali*, *Joannes Antonius Jobert* & *Joannes du Gono* in Senatu Patroni, omnes Doctores honorarii Facultatis.

Propoſuit Illuſtriſſimus D. Decanus honorarius multos ex Doctoribus, in Facultatem adſcitis, juſta naturæ perſolviſſe, videri ſibi eſſe è re Facultatis, ad ejus ſplendorem id ſpectare, ut alii cooptentur nec merito nec gradu aut dignitate inferiores, qui in fato functorum locum ſufficiantur. Piis cùm Illuſtrium virorum, inter alios Illuſtriſſimi L A M O N Æ I Senatûs Principis, juſtâ unoquoque demortuorum laude affecto, parentatum manibus ; placuit primò Facultati retinendum eſſe numerum Doctorum honorariorum ſeu adſcitorum, quem ampliſſimus ordo, ſuo decreto die ſeptimo Septembris anni 1656 definivit. Tum unanimi conſenſu electi ſunt in honorarios Facultatis Doctores.

Illuſtriſſ.^nus vir D. C L A U D I U S B A Z I N D E B E S O N S qui cum per multos annos ſumma fide, prudentiâ, & eloquentiæ laude munus Advocati Catholici in magno Regis Conſilio ; poſt vero Præſidis in Occitana Provincia ſingulari induſtria & egregia nominis fama, cum in jure dicundo, tum in aliis regni negotiis adminiſtrandis geſſiſſet, tandem in Sacrum Principis Conſiſtorium à Rege Comes ordinarius adlectus eſt.

Illuſtriſſ.^nus vir D. H I E R O N Y M U S B I G N O N

eminentissimi ætatis suæ viri natu major filius, qui paternæ virtutis æmulus ut & muneris hæres, Advocati Regii in Senatu Parisiensi officio diu summa doctrinæ integritatis ac facundiæ laude defunctus, Senator honoris in eodem Senatu primò, tum Comes Consistorianus à Rege creatus est.

Illustrissmus D. Julius Armandus Colbert d'Ormoy Regi à Consiliis & generalis regiorum ædificiorum præfectus, non propriis meritis minus quam ipsâ paterni nominis gloriâ inclytus, qui non ita pridem post plures publicè propugnatas de Jure Theses, in iisque propugnandis edita tum perspicaciæ singularis & expeditæ imprimis facultatis, tum judicii acris & exquisiti, cum eruditione minimè vulgari, specimina, ingenti virorum perillustrium, qui ex omnibus ordinibus præsentes aderant applausu, Doctorali gradu cum insignibus decoratus est.

Peracta electione Illustrissimus D. Decanus honoris retulit Regi optimo placuisse uti publica Juris Civilis professio à sæculo adempta Parisiensi Juris Facultati restitueretur, ac reverà edito die Veneris ultimo elapsâ edicto eam restituisse, quod ingens Principis beneficium deberetur curis & Consiliis superillustris Tellerii Galliarum Cancellarii, quo vel uno nomine, vel si alia deessent, obligatam sibi maximè & devinctam habeat Facultatem. Hoc porrò edicto Regis obviam itum multis in graduum adeptione fraudibus, prospectum & cautum de optima Jurisprudentiæ docendæ ratione, vindicatam Antecessoribus (quæ

eorum tantùm semper fuit) Juris publicam profef-
fionem, reftitutum Tribunalibus hoc pacto fplendorem priftinum, etiam & populorum tùm vitæ
tùm fortunis, periclitantibus quandoque, prudenter confultum.

De .hac porro Jurifprudentiæ inftauratione &
reddita utriufque Juris Facultate Academiæ Parifienfi, de hoc falutari placito optimi Principis,
quod procurante Illuftriffimo D. Decano honoris
apud fuperilluftrem Cancellarium, edidit Rex Chri-
ftianiffimus tota Facultas eidem Illuftriffimo D. Decano honoris gratias egit ampliffimas & Comitia
foluta funt.

Referebat & digerebat pro officii ratione
STEPHAN. DE MELLES
Decanus in actu.

REMERCIEMENT DE LA FACULTÉ
*de Paris, preſentée à Monſeigneur le Chancelier par
M. le Doyen d'honneur, la parole portée par le
Doyen de charge.*

Die Veneris 2. Junii anno M. DC. LXXIX.

COLLEGIUM fexvirale Anteceſſorum
ab illuftriffimo Decano honoris accitum
ad fuperilluftrem TELLERIUM Gallia-
rum Cancellarium fe contulit, cui pro reftituto
per univerfum regnum, Lutetiæ inprimis, Juris
utriufque ftudio debitas grates perfolveret.

Duce

Duce & auspice Illustrissimo D. Cl. le Peletier honoris Decano M. *Stephanus de Melles* Decanus Facultatis in actu, pro officii ratione, nomine ejusdem Facultatis redditum instauratâ Jurisprudentiâ non modo Parisiensi Academiæ antiquum decus, sed & priscum Tribunalibus splendorem, servatas familiis fortunas, gallico sermone gratulatus est. Profligatis tot confæderatis hostibus, extincto prudentissimis sapientissimi Cancellarii Consiliis bello, quo universa Europa conflagrabat, pace eidem datâ quam subigere poterat armis victricibus, assertâ subditorum tranquillitate, quos propagati ad venturæ ætatis stuporem, imperii Gallici fines reddunt ab omni hostium impetu securos, non potuisse Regem Augustissimum certiora prudentiæ incredibilis, & paterni (qui verè regius est) in populos affectus signa edere, quam cum Illustrissimum Cancellarium virum in pacis artibus æquè ac belli tractandis incomparabilem, qui (quod de Scipione Æmiliano dixit Paterculus) nihil in vita nisi laudandum aut fecit aut dixit ac sensit, huic magno instaurandæ Jurisprudentiæ negotio intentum voluit: Sapientissime cum magni nominis Imperatoribus sensisse maximum Regem armis decorari quidem, at legibus armari Remp. quarum religiosâ observatione civium salus contineatur, nec minus humano generi providere jurisperitos, & advocatos qui dirimunt ambigua fata causarum & suæ deffensionis viribus in rebus sæpè publicis & privatis lapsa erigunt, fatigata reparant, quam si præliis atque vulneribus patriam parentesque salvarent.

C

Hanc porro optatam pridem , defperatam penè
Juris utriufque profeffionis, Academiæ Parifienfi
infenfis bono publico Galliæ Cancellarii Confiliis
à fæculo ademptæ, inftaurationem fælicibus alterius Cancellarii temporibus fervaffe cælum, fuper-
illuftri fervaffe TELLERIO, viro publicæ utilitati
procurandæ nato, qui cum Illuftri Romano. * quidquid publicè falutare non effet privatim alienum
exiftimavit femper, & quem ut animi moderatio
fupra fortunam femper pofuit, fic & bene merita
etiam fuprà gratiam, & beneficia vel optimi, &
maximi Regum pofuiffe videantur. Id ut nemo
bene erga patriam, & regni fplendorem affectus,
non fentiat, fentire certè maximè Parifienfem
Juris Facultatem, vel hoc uno redditæ fibi ad commune bonum Civilis Jurifprudentiæ profeffionis
beneficio æternum magni nominis Cancellario,
totique perilluftri genti TELLERIÆ devinctam.
Cæterum (quo oratiunculam finiit) Neftoreos illuftriffimo Cancellario annos precatus eft, cum incolumitate & crefcente in dies TELLERIÆ gentis
gloriâ. Tum accepto ab optimo Principe tamdiu
defiderato munere ut dignam fe præftet Facultas,
fidem nomine Collegii fexviralis obftrinxit, fe ut
& Clariffimos Collegas, neque heroïcis in hac inftauratione Illuftriffimi Cancellarii Confiliis, neque
auguftiffimi Regis voluntati, neque publicæ expectationi defuturos : in id omne ftudium , omnem
operam, omne tempus collocaturum quemque ut
publicæ in Antecefloriis functionibus utilitati fer-
viat : fpem nec quidem vanam affulgere fore ut

Antecessores à quovis alio negotio abstinentes &
alieni, strenuè & assiduè & omni animi contentione sua munia obeuntes, faustis Illustrissimi Cancellarii auspiciis, improbi in sua Sparta adornanda laboris à Regum maximo & munificentissimo debita
præmia consequantur.

Gratulationem Facultatis humanissimè nec absque lætitiæ sensu, quem publici boni hac instauratione procurati potuit excitare cogitatio, exce-
pit superillustris Cancellarius. Antecessorum propositum laudavit, quorum exantlantis jam laboribus, perspectisque meritis quasi præmium restituta Lutetiæ Juris Civilis professio accepta referri qua-
damtenùs possit ; hanc instaurationem cordi esse
Augustissimo Principi ; non minus justitiæ laude,
quam armorum gloria inclyto, ut hâc unâ ratione
vel si boni publici & proprii officii atque commodi
ratio non flagitaret, omni conatu & studio suum
munus deberent implere, cujus functiones ritè &
ex proposito Antecessorum obitas, cum rei familiaris ex beneficio & munificentia Principis incre-
mento, gloria vera, gravis & solida maneret. Cæterum se ut hactenus, ubicumque se præberet occasio, Facultatis cum commodo, splendori con-
sulturum : quæ omnia vir maximus & optimus cum
singulari affectus paterni testificatione reposuit.
Gratiis actis, iisque amplissimis, abscessit Collegium.

STEPH. DE MELLES
Decanus in actu.

RESULTAT DE L'ASSEMBLE'E

Préliminaire, convoquée par M. le Doyen d'honneur, pour déliberer sur les Articles qu'on jugeroit à propos de proposer à MM^{rs}. BOUCHERAT & BAZIN DE BEZONS Conseillers d'Etat ordinaires & Commissaires nommez par le Roy, pour les Reglemens & Statuts nouveaux à faire dans la Faculté de Droit de Paris.

DIE Dominicâ vigesimâ tertiâ Julii anno 1679. horis matutinis habita sunt generalia & extraordinaria Facultatis Comitia, Præses aderat Vir Illustriss^{mus} D. CLAUD. LE PELETIER Sacri Consistorii Comes ordinarius, Urbis Expræfectus, & Consultissimæ Facultatis Decanus honoris. Ei pro more assedit Clarissimus Senior Scholæ *M. Joannes Doujat* Regiorum etiam Professorum Primicerius. Ad dexteram sedebant Illustrissimi viri DD. CLAUDIUS BAZIN DE BESONS & HIERONYMUS BIGNON ambo Sacri Consistorii Comites & postremis in Comitiis omnium votis & suffragiis in honorariorum Facultatis Doctorum numerum adsciti : Clarissimi viri DD. *Claudius Joly* Ecclesiæ Parisiensis Præcentor & Canonicus, *Joannes S. Jean Grangier,* ejusdem Ecclesiæ Canonicus, *Ægidius Menage* Abbas, *Joannes Issali,* & *Joannes du Gono* lecti in Senatu Patroni. Ad lævam vero pro more Clariſſimi viri MM. *Petrus Hallé* Profeſſor Regius, Facultatis Quæſtor, *Michael de Loy* Syndicus, *Stephanus de Melles* Decanus in actu, *Jacobus Baudin* Profeſſor Regius, & *Joannes Cugnet* Anteceſſores.

Laudatâ priùs ſermone brevi, ſed ſpirituum pleno & gratiarum, Auguſtiſſimi Principis & ſapientiſſimi Regiâ verè providentiâ, qui nulli ad ſuorum fælicitatem negotio, ſeu belli temporibus, ſeu Pacis, non intentus Juriſprudentiæ utriuſque ſtudium, quo ſubditorum ſalus & quies continetur, per omnes Regni Academias reſtituit, Illᵐᵘˢ D. LE PELETIER Decanus honoris notum fecit Facultati editum nuper à Rege in Sacro Conſiſtorio placitum, quo Illᵐᵒˢ DD. BOUCHERAT & DE BEZONS Sacri Conſiſtorii Comites ordinarios delegatos voluit, qui in Pariſienſi Juris Facultate, articulo III. Edicti de inſtauratione utriuſque Juris executioni mandando, incumberent. Hac ratione, priuſquam ad Scholas Facultatis ſe conferrent Illⁿⁱⁱ DD. delegati, viſum convocandam priùs Facultatem, cujus è re, etiam & publicâ, merito videri debeat aliqua eaque præcipua, communi conſilio proponere priùs & agitare; quâ velitatione multa improviſa, incaleſcentibus ad commune bonum ingeniis, excitatis in unoquoque ſpiritibus emergerent.

Antequam ulterius progrederetur Illᵐᵘˢ D. Decanus honoris, Illᵐⁱ DD. DE BEZONS & BIGNON de ſua in Conſultiſſimum ordinem cooptatione grates egere, quibus in referendis & ſævientis in ſe-

metipſum victrice modeſtiâ animi, & propenſi maxime in Facultatem, ſigna ediderunt.

Tum ſubjungens oculatiſſimus & in majoribus
quibuſque verſatiſſimus Ill.ᵐᵘˢ D. DE BEZONS in-
vito ſibi ab his Comitiis recedendum, quem delegatum ad id negotium à Principe iis intereſſe juris
ratio non pateretur, à Comitiis abſceſſit.

E Comitiis ubi, non abſque aliquorum Anteceſſorum, ut decebat, Comitatu, diſceſſit: Ill.ⁿᵘˢ D.
LE PELETIER Decanus honoris, reſumens ea
in quibus ſubſtiterat, Edicti Regis, quo Juris utriuſque inſtauratio continetur, vim & robur ac utilitatem certâ diſciplinâ, certis in jure docendo ac
tractando legibus, quæ autoritate Regia muniren-
tur, dixit contineri. Has verò ut proprio motu in-
conſultis ordinibus Academicis ferre potuerit Princeps Auguſtiſſimus, id tamen ſapientiſſimum &
ſupra titulos non virtute minus & bene meritis
quam dignitate poſitum TELLERIUM Galliarum
Cancellarium, cujus Conſiliis hæc inſtauratio referri maximè debeat, prudenter ſenſiſſe, id pla-
cuiſſe Optimo Principi ut cujuſque Academiæ, ſeu
Facultatis Juris, membra convocarentur, quibuſ-
cum congregatis, præſentibus à ſe delegatis, de
ineundis ſtatuendæ ejus quæ expeditior videretur
& publico bono magis inſerviret in juris docendi
& tractandi, ut & in collatione Graduum in utroque Jure diſciplinæ, rationibus ageretur: id Regis
Auguſtiſſimi Edictum, ut ad omnes Academias &
Facultatis Juris pertineat, Pariſienſem imprimis
ſpectare, quæ ut mater cæterarum, ita & typus eſ-

se debeat. Id porrò ut fæliciorem habeat exitum, concepti jam aliqui ad disciplinam Juris pertinentes articuli tractatu prævio agitandi in his Comitiis proponendi sibi videantur, circa quos quisque mentem suam aperiat.

Et quidem primò circa modum docendi , qui aptior & utilior Auditoribus fuerit. Post de certo tempore ab unoquoque Antecessore cuique lectioni impendendo : Tum de argumento prælectionum Juris sic dividendo & distribuendo ut intra triennium utriusque Juris corpus à carcere ad metas, ut aiunt, percurratur ad mentem Edicti. De iis quibus adstringi debeant Auditores juris, juxta idem Regis Edictum, ut litteras testimoniales ab Antecessoribus obtinere possint. De iis quoque quæservare teneantur in graduum impetratione, habitâ ratione, tum examinis prævii, tum Theseõn & Disputationum ab unoquoque Licentiatûs candidato habendarum. De habendis statis temporibus, tum generalibus, tum ordinariis Comitiis. De stato induciarum seu feriarum Autumnalium tempore.

Circa singulos articulos sigillatim quisque ex Doctoribus, cum honorariis, tum Regentibus ab Illmo D. Decano sententiam rogatus, quæ utiliora & è re magis esse tum publica tum Academicâ sibi visa sunt in medium protulit, quæ addenda quæ detrahenda, quibus peractis cum unusquisque suum contulisset symbolum, Ill^{mus} D. Decanus honoris quæ visa sunt optima, tum ut voluntati Regis ullo in articulo non pareatur, tum ad studii Juridici & Facultatis splendorem & ad Auditorum Juris utilitatem, ea concinnaturum se dixit, quæ proximis Comitiis generalibus Illustr*mis* DD. à Rege delegatis proponantur. Et Comitia soluta sunt.

STEPHAN. DE MELLES
Decanus in actu.

Suit un Arrest du Conseil d'Estat, par lequel Sa Majesté commet MM. Boucherat & de Bezons pour l'execution du troisiéme Article de l'Edit.

EXTRAIT DES REGISTRES
du Conseil d'Etat du Roy.

L E ROY étant en son Conseil, s'étant fait représenter ses Lettres Patentes en forme d'Edit du mois d'Avril dernier, pour le rétablissement des Leçons du Droit Romain, même le troisiéme Article d'iceluy, par lequel afin de renouveller les Statuts & Reglemens tant de la Faculté de Paris que des autres, & de pourvoir à la discipline desdites Facultez & à l'ordre & distribution des Leçons, Sa Majesté auroit ordonné qu'aprés la publication qui seroit faite dudit Edit, il seroit tenu une Assemblée dans chacune desdites Facultez en presence de ceux qui auroient ordre d'y assister de la part de Sa Majesté pour luy donner avis sur toutes les choses qui seroient estimées utiles & necessaires pour le rétablissement du Droit Canonique & Civil, & Sa Majesté voulant qu'il y soit satisfait incessamment.

SA

SA MAJESTE' E'TANT EN SON CONSEIL
a commis & député les fieurs Boucherat & de Bezons Confeillers d'Etat ordinaires, pour conformément & en execution dudit Edit, convoquer
une ou plufieurs fois & aux jours qu'ils eftimeront
à propos l'Affemblée de la Faculté de Droit de
l'Univerfité de Paris, pour en leur prefence avifer
aux moyens qui feront eftimez utiles & neceffaires
pour le rétabliffement des Leçons du Droit Civil
& Canonique, la difcipline de la Faculté & l'ordre & diftribution defdites Leçons, pour enfuite
être pourvu par Sa Majefté fur l'avis defdits Commiffaires, ainfi que de raifon. Fait au Confeil d'E-
tat du Roy Sa Majefté y étant, tenu à S. Germain
en Laye le quinziéme jour de Juillet 1679.
    Signé, COLBERT.

*RESULTAT DE L'ASSEMBLE'E
extraordinaire convoquée par MM^{rs} BOUCHERAT
& DE BESONS Confeillers d'Etat ordinaires, &
Commiffaires du Roy pour l'execution de l'Arreft
du Confeil d'Etat du 15. Juillet 1679.*

DIE vigefimâ quintâ Julii anno 1679, Habita funt in ædibus Facultatis extraordinaria generalia Comitia quæ indixerant
& quibus præfuerunt viri Illuftriffimi DD. LUD.
BOUCHERAT & CL. BAZIN DE BEZONS

ambo Sacri Confiftorii Comites ordinarii à Rege delegati. Affidebant ex uno latere Illuftriffimus D. CL. LE PELETIER Comes quoque Confiftorianus & Facultatis Decanus honoris, Clariffimi Anteceffores MM. *Joannes Doujat* Senior Scholæ, *Petrus Hallé*, Facultatis Quæftor, *Michael de Loy* Syndicus, *Stephanus de Melles* Decanus in actu Facultatis, *Jacobus Baudin* Facultatis Cenfor, & *Joannes Cugnet* ; ex altero latere affidebant Illuftriffimi D. HIERONYMUS BIGNON Comes Confiftorianus, D. ARMANDUS DE RYANTZ in prætura Parif. Regius Cognitor feu Procurator, Clariffimi & venerabiles viri DD. *Claudius Joly* Ecclefiæ Parifienfis Præcentor, *Joannes S. Jean Grangier* ejufdem Ecclefiæ Canonicus, *Francifcus Tallemant*, & *Ægidius Menage*, Abbates, *Joannes Iffali*, *Joannes du Gono* in Senatu Patroni, omnes Doctores honorarii Facultatis. Lectum eft primò Sacri Confiftorii cui Rex intererat editum die decimâ quintâ Julii placitum, quo Illuftriffimorum DD. BOUCHERAT & BAZIN DE BEZONS ad ineundam reftaurandi Studii utriufque Juris rationem juxta ejufdem Auguftiffimi Principis Edictum die octavâ Maii. Promulgatum delegatio continetur. Tum Illuftriffimus D. BOUCHERAT, antiquior Sacri Confiftorii Comes & delegatus, Regis Chriftianiffimi paternum in fubditos affectum, tum aliis nemini, non Gallo tantùm fed & extero, non perfpectis, tum ex hoc reftitutæ per omnes Academias præfeffionis publicæ utriufque Juris argumento demonftravit. Id fcilicet è re fuâ effe Maximus Princeps

merito censuerit, ut extinctam penè suscitaret divinarum & humanarum rerum notitiam, justi & in-
justi scientiam, qui Constitutionibus sapienter à se
editis priùs litigiosorum & calumniantium hominum fefellerat artes, audaciam represserat; hac
Jurisprudentiæ restauratione, propagatis ad orbis
invidiam imperii Gallici finibus, datâ Pace Europæ, quam victricibus armis sibi subdere poterat,
populorum tum vitæ & tranquillitati, tum fortunis conservandis consuluisse : quo singulari optimi
Principis beneficio ut affectæ fuerint omnes Regni
Academiæ, alligata sit potissimum Parisiensis, cui
ademptam à seculo, cum potestate inaugurandi &
gradus in utroque Jure conferendi Juris Civilis palam profitendi facultatem reddiderit. De hac porrò, quæ Regiæ fuit autoritatis & benignitatis Jurisprudentiæ utriusque instauratione omnes bene
affectos, omnes ordines & Academias, Parisiensem
maximè (quod à facultate mense superiori ineunte
præstitum) non absque memoris & obligati animi
sensu superillustri Tellerio Galliarum Cancellario debere gratulari. Hujus scilicet viri, in belli pa-
cisque negotiis ac artibus tractandis summi, providentiâ singulari, ut in cæteris maximi momenti, ita
& in hoc negotio sapientissimum Regem usum fuisse, in quo vir canâ virtute magis, quam ipsa ætate
suspiciendus peculiare studium collocaverit; Tum
& suæ dignitatis & officii Antecessores monuit, quibus ad majora deinceps audenda feliciter & per-
agenda doctrinæ assiduitatis & diligentiæ in obeundo munere, quæ nec Illustrissimum Cancellarium,

nec ipfum Principem omnibus intentum latuiffent, commendatione ftimulos admovit : id Illuftriffi- mum Cancellarium fibi ab iis polliceri: id jubere Regem Auguftiffimum ut totos fe fuo muneri ritè obeundo confecrent : non de futuram devoventi- bus fefe publico bono in profeffione tam arduâ, tam fplendidâ fimul & neceffariâ regiam liberalita- tem & munificentiam, eo certius expectandam à Regum optimo &maximo quod fpecimen fit floren- tis Reipublicæ fi difciplinarum Profefforibus præ- mia opulenta pendantur : In hujus difciplinæ pro- feffione, quæ ars eft boni & æqui, cui addicti veram Philofophiam non fimulatam affectare debent, abftinendum à tricis & cavillationibus, ab inani- bus argutiis, quibus deformata & infecta jurifpru- dentia naufeam pluribus, etiam bene affectis, pepe- rit: folida & diligenter explorata juris principia pro- ponenda effe Auditoribus & exponenda: ea porrò quæ difficultatem revera continent & his principiis contraria videntur, ea enodanda pro virili : non promifcuè admittenda quævis argumenta aut proponenda à materia de qua agatur aliena; quod tamen ad hujus divinæ artis feu difciplinæ de- decus malè factitatum à pluribus, qui pravo topico- rum legalium ufu, verius abufu, argutiunculis ina- nibus, clara & per fe patentia obfcurant, litigantium forent temeritatem & nutriunt, ingenia perfpicacio- ra obtundunt, id demum præftant, ut cum inani hu- jufmodi argutiuncularum, quas numerofiffimas venditant & oftentant, copiâ & luxurie vera à fuca- tis, folida ab inanibus, fecernere non poffint juris

ſtudioſi, & vanis altercationibus malè aſſueti ad ju-
dicandi poſt modum munus & officium parum idonei efficiantur. Tum demum Illuſtriſſimus D. B o u-
c h e r a t , ſubjunxit jucundam maximè ſibi &
gratam fuiſſe hanc delegationem, quem Doctorum
honorariorum albo adſcriptum, nulla aliquid ad
Conſultiſſimi ordinis ſplendorem & dignitatem
conferendi occaſio lætitiâ magnâ afficere non poſ-
ſit. Revera cum adſciti ſunt Doctores Honorarii,
Togatorum primus ordine adlectus eſt, & ex-Deca-
nus pridem honoris.

Hæc ubi præfatus Illuſtriſſimus D. Boucherat,
Illuſtriſſimus D. Le Peletier Decanus Honoris, pro eâ quæ explorata in maximis quibuſque
cum ingenii perſpicaciâ, prudentiâ ſingulari, & ſo-
litâ ſermonis venuſtate ac ſuavitate articulos ad Juris ſtudium & diſciplinam, Facultatis potiſſimum
Pariſienſis, qui maximè pertinere viderentur, & qui
in Comitiis ſuperioribus ventilati fuerant, propoſuit. Gratiſſimam habuere Illuſtriſſimi D. D. Delegati, eorum recitationem & circa ſingulos al-
latis ab Illuſtriſſimo D. Decano honoris rationibus
utrinque militantibus, multis ad præcipuos ſapienter ab Illuſtriſſimis D. D. De Bezons et
Bignon obſervatis, ſententiam, quemque ex Doctoribus tum Regentibus tum honorariis Illuſtriſſimus D. Boucherat rogavit. Quo peracto ſe
& Illuſtriſſimum D. De Bezons ad Chriſtianiſ-
ſimum Regem relaturos dixit, quibus quidem articulis Regi oblatis Sacra Majeſtas ea quæ ad in-
ſtaurationem ſcientiæ Juris & diſciplinam maximè

facere viderentur imperaret. Et tum Comitia foluta funt.

*RESULTAT DE L'ASSEMBLE'E
extraordinaire generale convoquée par MM".
BOUCHERAT &) DE BEZONS Commiffaires
nommez par le Roy, aprés avoir fait rapport à Sa
Majefté des Articles qui avoient été propofez en
l'Affemblée generale du 23. Juin precedent.*

DIE Dominicâ 13. Augufti anno millefimo
fexcentefimo feptuagefimo nono, habita
funt in Scholis fuperioribus Facultatis
generalia Comitia quæ indixerant, & quibus interfuere Illuft·ⁿⁱ DD. LUDOVICUS BOUCHERAT
& CLAUDIUS BAZIN DE BEZONS, ambo
Sacri Confiftorii Comites ordinarii à rege delegati. Affidebant ex uno latere Illuftrifsᵐᵘˢ D. CLAU-
DIUS LE PELETIER Comes quoque Confiftorianus & Facultatis Decanus honoris : fequeban-
tur ex ordine Clariffimi Anteceffores MM. *Joannes
Doujat* Anteceflorum & Regiorum Profloforum Primicerius : *Petrus Hallé* Profeffor Regius, Facultatis Quæftor, *Michael de Loy* Syndicus, *Stephanus de
Melles* Decanus in actu, *Jacobus Baudin* Cenfor, &
Clarifsimo *M. Doujat* In Profeffione Regiâ Suc-
centuriatus, & *Joannes Cugnet.* Ex altero latere affidebant Illuftrifsᵐᵘˢ D. HIERONYMUS BIGNON
ex Regis in Supremo Senatu Advocato Comes

Confiftorianus , Clarifsimi Viri *Joannes S. Jean Grangier* Ecclefiæ Parifienfis Canonicus , *Francif-cus Tallemant* & *Ægidius Menage* Abbates ; *Joannes Iffali*, & *Joannes Antonius Joubert* in Senatu Patroni.

Lectum eft primò Sacri Confiftorii , cui rex interat, editum die nonâ hujus menfis placitum , fubfcriptum C O L B E R T ; quo poft relationem factam ab Illuftrifs^mis DD. B O U C H E R A T & D E B E Z O N S delegatis, propofitis quoque Regiæ Majeftati articulis ad inftaurationem ftudii Juris utriuf-que & difciplinam , potifsimum Parifienfis Facultatis, pertinentibus , qui poftremis in Comitiis die 25. Julii habitis, Illuft^mis DD. delegatis oblati fuerant, Rex jubet & fancit uti hic articuli ad inftaurationem ftudii utriufque Juris, & difciplinam Facultatis Parifienfis fpectantes, antiquis ejufdem Facultatis ftatutis annectantur ; quæ quidem antiqua ftatuta ferventur deinceps ut hactenus , quatenus iis neque per Edictum, quo utriufque Juris Profefsio reftituitur dictæ Facultati , neque per hos recentes & de novo conditos articulos derogatur. Mandat infuper Sacra Majeftas DD. B O U C H E R A T & D E B E Z O N S delegatis , ut curent, fe præfentibus eofdem articulos in acta Facultatis referri, qui prout concepti funt executioni mandentur , & religiofe obferventur.

Sequitur placitum Sacri Confiftorii.

EXTRAIT DES REGISTRES
du Conseil d'Etat du Roy.

VEU par le Roy en son Conseil, ses Lettres Patentes en forme d'Edit du mois d'Avril dernier, pour le rétablissement des Leçons du Droit Canonique & Civil, même le troisiéme Article d'iceluy, par lequel afin de renouveller les Statuts & Reglemens tant de la Faculté de Paris que des autres, & de pourvoir à la discipline desdites Facultez, & l'ordre & distribution des Leçons, Sa Majesté auroit ordonné qu'aprés la publication qui seroit faite dudit Edit, il seroit tenu une Assemblée dans chacune desdites Facultez en presence de ceux qui auroient ordre d'y assister de la part de Sa Majesté, pour luy donner avis sur toutes les choses qui seroient estimées utiles & necessaires pour le rétablissement du Droit Canonique & Civil, & l'Arrest du Conseil rendu, Sa Majesté y étant, le cinquiéme Juillet dernier, par lequel Sa Majesté auroit commis & deputé les Sieurs BOUCHERAT & DE BEZONS Conseillers d'Etat ordinaires, pour conformement & en execution dudit Edit convoquer une ou plusieurs fois, & aux jours qu'ils estimeroient à propos l'Assemblée de la Faculté du Droit de Paris, pour en leur presence aviser aux moyens qui seroient estimez utiles & necessaires pour le rétablissement

des

des Leçons du Droit Canonique & Civil, la difcipline de la Faculté & l'ordre & diftribution defdites Leçons pour enfuite y être pourveu par Sa
Majefté fur l'avis defdits Commiffaires ainfi que
de raifon : Et veu par Sa Majefté les Articles propofez en prefence defdits Commiffaires dans l'Affemblée de la Faculté de Droit de Paris tenuë en
execution dudit Arreft le 25. Juillet dernier.
Ouy le rapport defdits Sieurs BOUCHERAT &
DE BEZONS, tout confideré. LE ROY ETANT
EN SON CONSEIL a ordonné & ordonne
que lefdits Articles feront adjoutez aux anciens
Statuts & Reglemens de ladite Facultaté de Droit,
lefquels au furplus feront obfervez ainfi que par
le paffé en ce qu'ils ne font point contraires auf-
dites Lettres Patentes du mois d'Avril dernier &
aufdits Articles, lefquels enfemble le prefent Arreft Sa Majefté mande & ordonne aufdits Sieurs
BOUCHERAT & DE BEZONS de faire enregi-
ftrer en leur prefence aux Regiftres de ladite Faculté pour être executez felon leur forme & teneur.
FAIT au Confeil d'Etat du Roy, Sa Majefté y
étant, tenu à S. Germain en Laye, le neuviéme jour
d'Aouft mil fix cens foixante & dix-neuf. Signé,
COLBERT.

*Tum Relati iidem Articuli ab Illuftriffimis DD. dele-
gatis, à Decano in actu omnes, à primo ad ultimum,
altâ voce lecti funt.*

Hi vero funt Articuli fequentes.

ARTICLES PROPOSEZ EN PRESENCE de Messieurs les Commissaires du Roy pour le rétablissement & Reglemens des Etudes du Droit Canonique & Civil, dans la Faculté de Paris, en execution des Lettres Patentes de Sa Majesté, du mois d'Avril, & Arrest du 15. Juillet 1679.

I.

LES six Professeurs commenceront tous les ans leurs Leçons en Droit Canon & Civil à la S. Martin precisement, & les finiront à la my-Aoust.

II.

Ils entreront tous les jours à la reserve des Fêtes & des Jeudis : ils dicteront & expliqueront pendant une heure entiere, & ensuite ils exerceront leurs Ecoliers par repetitions & disputes, & en leur faisant mettre les especes des Loix & des Canons avec les raisons de douter & de decider, au moins pendant une demie heure. Et en outre leur feront faire des exercices publics sur des Theses imprimées, le plus souvent qu'il se pourra, même dés la premiere année.

III.

Il y aura quatre Leçons chaque matinée en deux Salles differentes : deux dans chacune, depuis huit heures precises du matin jusqu'à onze.

IV.

Il y en aura deux autres dans l'une desdites Salles l'aprés-difnée, depuis une heure jufqu'à quatre avant le premier Mars, & depuis deux jufqu'à cinq aprés le premier Mars : l'autre Salle demeurant pour les exercices publics & pour les Actes.

V.

L'un defdits Profeffeurs enfeignera chaque année pendant trois ans de fuitte les quatre Livres des Inftituts de Juftinien , & expliquera les Rubriques du Digefte & des neuf premiers Livres du Code, autant qu'il fe pourra.

VI.

Trois autres Profeffeurs feront pendant trois ans une efpece de Cours d'Etude de Droit Civil , en cette maniere. Le premier expliquera dans cét efpace de temps les quatre premieres parties du Digefte , contenües dans le Digefte vieux & au commencement de l'Infortiat. Le fecond expliquera la cinquiéme partie & le commencement de la fixiéme , contenuës dans le refte de l'Infortiat, ou font traittées les matieres des fucceffions Teftamentaires & *ab inteftat*, &c. Et le troifiéme fera le refte de la fixiéme & la derniere partie, qui font dans le Digefte nouveau. Ils s'attacheront aux Matieres & Loix principales, & marqueront avec foin le progrés & le changement du Droit fur chaque matiere, en rapportant aux Textes qu'ils traitteront ce qui regardera les mêmes matieres dans le Code & dans les Novelles.

VII.

Deux defdits Profeffeurs enfeigneront les Matieres Canoniques pendant trois années, en forte
que l'un d'eux expliquera pendant les fix premiers
mois de chaque année les Inftituts, Paratitles ou
autres Generalités du Droit Canon avec le Concordat. Et le même expliquera dans le fecond Se-
meftre quelque partie du Corps du Droit Canon :
en forte que dans lefdites trois années les deux
traittent enfemble les principales matieres contenuës dans les cinq Livres des Decretales, y rapportant le Textes du Decret & des autres Colle-
ctions.

VIII.

Les Ecoliers, qui étudiront actuellement en
Philofophie ne pourront prendre les Leçons de
Droit, ny en obtenir les atteftations.

IX.

Nul Ecolier ne pourra prendre de Degrez en
une Faculté, qu'il n'y ait étudié au moins une année continuë. Et quand un Ecolier aura été refusé
ou remis à étudier, il ne pourra obtenir fes degrez
en une autre Faculté, qu'en celle où il aura été
refusé ou differé, à peine de nullité.

X.

Les Ecoliers ne pourront fupplier pour le degré
de Bachelier, qu'aprés le 15. Avril de leur feconde
année d'étude : & alors ils pourront demander des
Examinateurs, un Prefident, & la matiere de leurs
Thefes : en forte qu'il y ait toûjours fix Semaines,
au moins depuis le jour qu'ils auront fupplié, juf-

ques à celuy qu'ils foûtiendront leurs Thefes , lefquelles finiront au 15. Septembre de chaque année, & ne commenceront qu'aprés la S. Martin.

XI.

La méme chofe fera pratiquée pour la Thefe
de Licence dans la troifiéme année.

XII.

Pour obtenir le degré de Docteur, l'on fera tenu un an aprés la Licence d'expliquer publiquement une matiere de Droit Civil ou Canonique,
& de foutenir une Thefe fur l'un & l'autre Droit,
exceptés les Ecclefiaftiques, qui ne feront obligés
de répondre qu'en Droit Canon, tant les Thefes
de Baccalaureat, que celles de Licence & de Doctorat, & ceux de la R. P. R. qui ne feront tenus
ny de prendre des Leçons, ny de foûtenir des
matieres Canoniques.

XIII.

Les Prefidences des Actes de Baccalaureat, de
Licence, & de Doctorat feront données par tour,
le choix demeurant aux anciens fuivant leur ordre:
en forte qu'aprés le premier, le fecond aura le
choix, & ainfi confecutivement, jufques à ce que
chacun foit remply. Et les jours pour foûtenir les
Thefes feront reglés par l'Ancienneté defdits Pro-
fefleurs.

XIV.

Les Bacheliers feront obligez de difputer aux
Actes pendant l'année de Licence : & les Prefidens
nommeront les Difputans par tour.

E iij

XV.

Les Docteurs Regents & Aggregez, qui auront
assisté aux Actes, donneront leur suffrage dans une
boëte, qui sera placée à cét effet dans la Salle de
la dispute, & qui sera ouverte en l'Assemblée du
Jeudy ensuivant, dans laquelle les pretendans seront reçus ou rejettés à la pluralité des voix desdits Docteurs Regents & Aggregez assistans. Et
les avis & resultats pour l'admission ou renvoy de
ceux qui auront soûtenu les Theses, seront inscrits
soigneusement sur le Registre de la Faculté, &
signés de tous les assistans.

XVI.

Pour examiner les pretendans aux degrez de
Baccalaureat & de Licence, il sera nommé en
l'Assemblée des Jeudis trois Professeurs par tour,
qui s'assembleront à cét effet dans la Salle de
l'Examen aux jours & heures que le plus ancien
marquera : en sorte que les examens soient faits
exactement & sans differer par trop ceux qui se
presenteront pour les subir. Aprés chaque examen les Examinateurs donneront leur avis par
écrit à la pluralité, pour obtenir la permission de
faire la These.

XVII.

Les Religieux des Ordres & maisons incorpo-
rées à l'Université de Paris pourront prendre des
degrez en ladite Faculté, sur les attestations du
temps de leur étude en Droit Canonique, signées
des Lecteurs desdites maisons, pourveu que lesdits
Lecteurs soient Docteurs, sans toutesfois qu'ils

puiſſent recevoir à leurs Leçons que les Religieux de leur Ordre.

XVIII.

Pour l'execution de ce que deſſus, il ſera tenu tous les ans le jour de la S. Jean Baptiſte une Aſſemblée de tous les Profeſſeurs & Aggregez, dans laquelle on reglera auſſi les Matieres & la diſtribution & département des Leçons pour l'année ſuivante, en conſervant aux anciens le Droit de choiſir les Matieres & les heures ſuivant l'ancien uſage, & pour aviſer à tout ce qui pourra avancer les études de Droit, le bien & la diſcipline de la Faculté. Et ſeront les Reſultats & Reglemens faits dans ladite Aſſemblée redigés & écrits ſur le Regiſtre de la Faculté & viſez tant par le Doyen d'honneur que le Doyen en charge.

XIX.

Les Droits de la Faculté ſeront reglés & reçus à l'avenir ſuivant le Tableau qui demeurera expoſé dans les Ecoles, ſans que l'on puiſſe exiger ny recevoir plus grandes ſommes ou autres Droits.

SCAVOIR,

Pour les Atteſtations des deux années neceſſaires pour le Degré de Bachelier, ſix livres.

Pour l'Examen de Baccalaureat, ſeize livres.

Pour les Lettres de Bachelier, cinquante-huit livres.

Pour l'Atteſtation de l'année de Licence, ſix l.

Pour l'Examen de la Licence, ſeize livres.

Pour les Lettres de Licence, quarante-huit l.

Pour les Lettres de Doctorat, cent cinquante l.

Lectis Articulis, Illustrissimus D. Decanus Honoris publicarum ex utroque Jure recitationum materiam quæ cuique Antecessorum per sequens triennium tractanda & exponenda obtigerat, proposuit ut sequitur.

ORDRE ET DE'PARTEMENT

des Leçons qui seront faites aux Ecoles du Droit en l'Université de Paris, pendant la prochaine année Academique, depuis le Mardy quatorziéme Novembre 1679. jusqu'au Mecredy quatorziéme Aoust 1680.

JEAN DOUJAT ancien Docteur Regent expliquera dans la grande Salle ordinaire des Ecoles, depuis huit heures du matin jusqu'à neuf & demie, l'Histoire & les Principes du Droit Canon pendant le premier Semestre, avec le Concordat : & pendant le Semestre d'aprés Pâques le 4me Livre des Decretales, & marquera la diversité de l'ancien & nouveau Droit Canonique avec le Droit Civil & François sur le Mariage.

PIERRE HALLE' Professeur du Roy lira en la nouvelle Salle, qu'il plaira au Roy donner à la Faculté, à huit heures du matin, & expliquera les XXVIII. XXIX. & XXX. Livres du Digeste, qui contiennent la matiere des Testamens, & en partie celle des Legs : y rapportant les dérogations du nouveau Droit, les differences du Droit Canonique & l'usage.

MICHEL

MICHEL DE LOY expliquera dans la nouvelle Salle les huit premiers Livres du Digeste, y
rapportant auffi les Titres du Code & les Novelles de femblable matiere, depuis neuf heures &
demie jufqu'à onze heures.

ÉTIENNE DE MELLES expliquera dans la
grande falle ordinaire des Ecoles depuis une heure
aprés midy jufques à deux heures & demie, avant
le 1. Mars, & depuis deux heures aprés le 1. du
même mois jufques à trois & demie, le trente-neu-
viéme Livre du Digeste, & les trois fuivans, rapportant autant qu'il fera poffible le Droit nouveau.

JAQUES BAUDIN expliquera les Inftitutes de
Juftinien & les Rubriques du Digeste, & des neuf
premiers Livres du Code autant qu'il fe pourra,
& ce depuis neuf heures & demie jufqu'à onze dans
la grande falle ordinaire de l'Ecole.

JEAN CUGNET expliquera le premier Livre
des Decretales, depuis deux heures & demie jufqu'à quatre en hyver, & depuis trois heures & demie jufqu'à cinq aprés le premier Mars, dans la
grande falle des Ecoles.

TUM Illuftriffimus D. BOUCHERAT reftitutum
fplendorem priftinum gratulatus facultati, dictos
ad Studii Juris inftaurationem & difciplinam pertinentes Articulos, quibus fuam Rex authoritatem
impertitus effet, in acta referri mandavit, & quidem Gallico, quo concepti funt, idiomate; quo peracto, habitis gratiis infuper nomine Facultatis ab
Illuftriffimo D. Decano honorariis Illuftriffimis

DD. Boucherat & de Bezons delegatis qui suum eximium & singulare in hoc summi momenti negotio in Facultatem studium contulissent; editis vicissim ab Illustrissimis DD. delegatis voluntatis in Facultatem propensissimæ novis speciminibus, Comitia non absque memoris ex parte antecessorum, & obsequentis maxime Illustrissimo D. Decano honoris animi testificatione soluta sunt.

DE MELLES
Decanus in actu.

***

Suyvent les Satuts de la Faculté de Droit de Paris, suivant la derniere reformation de l'an 1598. sous le Regne de Henry le Grand, que Sa Majesté veut étre observez ainsi que par le passé en ce qui ne sont point contraires aux Lettres Patentes du mois d'Avril, & aux derniers Articles.

STATUTA FACULTAIS JURIS CANONICI.

JURIS Canonici schola ad hæc usque tempora seminarium honestissimorum hominum ad Ecclesiasticos gradus & Reipublicæ munia, tam Ecclesiastica, quàm secularia, promovendorum extitit: cujus candidati has leges & Statuta servent.

I.

Quia sine religionis orthodoxæ cultu nihil rectè ritéque geri posse certum est, sex-virale collegium,

Statis consuetis anni diebus ad divi Joannis Lateranensis ædem, ut sacris intersit, conveniat,
nempe quinque solemnibus festis Virginis deiparæ, quam & patronam ac tutelarem ordo iste sibi
agnoscit. Conveniat quoque in eandem ædem
quatuor Ecclesiæ doctorum præscriptis feriis, quorum memoriam piè sanctéque colit, ex recepto ac
nunquam intermisso scholæ usu, atque etiam die
ipso divi Mathiæ, ut rebus sacris operati doctores
statim ad scholas superiores veniant, Decani & Quæ-
storis instituendi gratiâ, ibique eos sine ambitu &
favore deligant, quos pro suâ religione noverint
scholæ dignitati profuturos.

I I.

Sed & pro veteri scholæ more, singulis hebdo-
madis, die Jovis sacrum fiat in eâdem æde Lateranensi, cui Decanus intersit, aut de collegio aliquis.

I I I.

Auditores sacrorum Ecclesiæ Canonum in primis Catholicam & avitam religionem sincerè am-
plectantur.

I V.

Ad hoc studium nullus accedat, qui non in hu-
manioribus primùm artibus, & disciplinis Philoso-
phicis probè versatus sit, ac linguarum Græcæ &
Latinæ cognitionem habeat.

V.

Prolyta à lectione & auditione institutionum, &
Canonici & Civilis Juris studium exordiatur, ac se-
dulam operam in eo collocet, ut utriusque Juris
titulos memoriter teneat.

F ij

VI.

Dictata doctorum fideliter excipiat, doctorem in suggestu docentem non perturbet : veste deformi, militari chlamyde, aut varii coloris togâ non utatur, sed honestâ & gravi, pro status & ordinis ratione.

VII.

Qui in hunc ordinem cooptari desideraverit, & catalogo candidatorum ascribi, à quindecim diebus infra festum divi Lucę hoc sibi concedi à Dacano postulet: qui ubi primò in examine viderit instructum his disciplinis & artibus supradictis, prolytam hunc admittat, & libro decanatus, nomen ejusdem, cognomen, ordinem, & patriam inscribat.

VIII.

A die admissionis in hoc totus incumbat, ut ordinarias & extraordinarias antecessorum lectiones audiat, & fideliter excipiat, disputationibúsque publicis intersit.

IX.

In hoc studio biennio completo, petitione primi gradus hujus scholæ, si judicetur idoneus, non repellatur.

X.

Quamprimùm collegii sex-viralis unus antecessorum ex hac vitâ decesserit, reliqui, qui supersunt quinque doctores, scholas examinis conscendant: horum communi decreto schedula, seu programma conficiatur, quo compitis & valvis Ecclesiarum affixo publicè denuncietur, ut, si qui studiorum suorum fiduciam habeant, die certâ superiores de-

creti scholas ascendant, duas decretales epistolas
suscepturi, quæ singulis assignabuntur, suo
quoque die & ordine, in auditorio decretorum publicis disputationibus repetendæ.

XI.

Disputationum & prælectionum publicarum diebus transactis, in æde sacrâ Lateranensi, convoca-
tâ Facultate, ac sacrosancto peracto officio, per doctores regentes, quis sit contendentium dignior,
declaretur : ubi priùs coram duobus à Senatu de-
putatis Consiliariis se jurisjurandi religione ob-
strixerint, nemini in ferendo suffragio pro electione injuriam facturos.

XII.

Doctores regentes, ubi viginti annorum spatio,
continuè & citra fraudem in scholis publicè lege-
rint, Comitis dignitate & privilegio honorentur, &
tanquam milites emeriti, à publicâ professione dis-
pensentur, nec juribus priventur.

XIII.

A die divi Lucæ memoriæ sacro, usque ad festum Resurrectionis Domini, horâ septimâ & octavâ manè duo ex sex-virali collegio Doctores sorte
selecti decretales Gregorii PP. cum apparatu publicè interpretentur.

XIV.

A die verò Resurrectionis, usque ad festum Nativitatis beatissimæ Deiparæ Virginis horâ sextâ &
septimâ, inchoatum opus persequi, ex arresto curiæ, eisdem doctoribus injungitur.

XV.

Ab horâ primâ pomeridianâ uſque ad tertiam, duobus aliis Doctoribus, per Decanum mandetur, ut ſextus liber Decretalium majorum & Clementinæ, ſuccinctè & breviter exponantur.

XVI.

Horâ verò nonâ manè uſque ad decimam, & tertiâ pomeridianâ uſque ad quartam, magnum Gratiani decretum duo alii Anteceſſores profiteantur, unâ cum enarratione dubiorum juris, & Chronologiæ ſeu notationis temporum, in quibus habitæ ſunt Synodi, & quicquid ad utriuſque fori jus ſpectare dignoſcitur.

XVII.

Hujus Studii curriculum intra biennium Doctores abſolvant.

XVIII.

Præter hæc Doctorum ſcholæ hujus publicè profitentium munera, more majorum, ſtatutis anni temporibus, publicas in ſcholâ conciones habeant, & ſinguli eorum ſuggeſtum per vices aſcendant, eo, qui ſequitur, ordine.

XIX.

Poſt diem divi Lucæ aperiantur ſcholæ, & pro anni & prælectionum auſpicio, unus è Collegis Doctor ordinarius, oratione præeunte, adoleſcentes ad ſtudia juris cohortetur: quâ peractâ concione, hæc Collegii ſtatuta, per bidellum alta voce recitentur.

XX.

Item vigilia Nativitatis Dominicæ habeatur con-

cio folemni ritu cultuque ab uno è Collegis, ad
eúndem per vices id munus fpectabit, qui concionis
materiam affumet ex cap. *Firmiter credimus. De
Summa Trinit. & Fide Cathol.*

XXI.

Ante Pafcha, die ipfo Martis hebdomadæ fanctæ,
folemnis alia concio celebretur, próque fubjecto
affumatur decretalis. *Omnis utriufque fexus. De Pæ-
nit. & remiffion.*

XXII

Vigiliâ denique Pentecoftes eodem ritu propo-
natur, *cap. cum Marth. extra de celebrat. Miffar.* affi-
dentibus collegis, & aftante apparitore bidello, ut
in aliis, cum cappâ feu epitogio violacei coloris.

XXIII.

Promovendi ad primum hujus ordinis honorem,
quem Baccalaureatum vocant, imprimis religionis
orthodoxæ elogio, & morum præftantiâ commen-
dentur, prælectionibus Sacrorum Canonum & difputationibus, quæ ingeniorum fpectandorum causâ
proponuntur exercitati, literas teftimoniales, quibus de moribus & ftudii tempore conftet, exhi-
beant.

XXIV.

Confecto in Juris Canonici ftudiis bonâ fide
biennio, conveniant hujus ordinis Decanum, in
actu agentem, qui librum illis pórrigat Decretalium, & epiftolam, quæ cafu oblata erit, eifdem
proponat, examen fubituris infra fex dies.

XXV.

His ergo præftituto die, ubi ad duorum triúmve

doctorum argumentationes satis commodè respon-
derint, & antinomias ingeniosè solverint, ut fieri
solet, ab his qui in Sacrorum Canonum cognitione non rudes fuerint, præstito apud Decanum jura-
mento, illibatam se Catholicam fidem servaturos,
neque publicè aut privatim dicturos, quod repro-
bum sit, & à vero Ecclesiæ sensu alienum, reverentiam Collegis ejusdem scholæ perpetuò exhibi-
turos, manibus Decani conferatur benedictio: tum
literæ per scribam collegii conficiantur, quibus intelligant se honoratos privilegiis in gratiam hujus
ordinis concessis.

XXVI.

Absoluto in studiis legitimè & citra fraudem
quinquennio, qui Licentiatus honorem sibi depos-
cit, Decanum conveniat in actu agentem. Is asci-
tis collegis selectam materiam ex decretalibus epistolis Gregorii candidato proponat: sex ferè lapsis
diebus, promovendus ille, sua proposita seu the-
mata, ex capite sibi delecto, in medium conferat,
seséque ad certamen comparet.

XXVII.

Die ipso, quo ingenii sui specimen editurus est,
deducatur ad suggestum, ipsámque doctoralem cathedram conscendat, præeunte bidello seu apparitore scholæ, cappâ & epomide tectus nigrâ, seu
epitogio: tum habitâ primum oratione ab Antecessore, qui præerit actui, collegis aliis in loco su-
periore sedentibus, disputandi campus aperiatur.

XXVIII.

Prolyta epistolam sibi præfixam perleget, & quàm
diserte

diſertè poterit , explanabit, nec modò ſimplici &
apertâ viâ explicabit , ſed, ſi per tempus liceat,
propoſitis dubitandi rationibus, & locis, qui invicem pugnare inter ſe videntur, diſcuſſis , illu-
ſtrabit.

XXIX.

Qui tamen ſi pergat pluribus agere , neque finem dicendi, diſputandique faciat , imperato illi
per Decanum ſilentio, déque conſenſu collegarum
agatur, in prolytam in agone conſiſtentem diſpu-
tabitur ſeverè, refellenturque theſes , oppugnabun-
tur fundamenta quæſtionum , obſtruentur inficia-
tiones reſpondentium, idque per diei unius continuum ſpatium, vel eo plus , ſi ita non ingratum
collegis viſum erit.

XXX.

Quibus ita ritè legitiméque confectis , prolyta
dignus habitus auctoramento donetur, licentiatus
extemplò togâ indutus & teniâ ſericeâ , de collo
ad togæ lumbos pendulâ; qualem viros ſacri ordinis, ac ſenatorii decet, vel epomide nigri coloris,
ad venerabilem Academiæ Cancellarium, per Doctorem unum è collegis, præeunte bidello deducatur, ab illo benedictionem accepturus, & elogio honorifico donetur à Doctore aſtante, ſic tandem literæ concedantur, verbis ampliſſimis, à
Decano in actu agente ſubſignatæ, ac ſigillo ap-
poſito facultatis.

XXXI.

Jam verò ad doctoratus poſtremum , & ab optimis quibuſcunque ingeniis expetitam dignitatem ;

G

nemo nisi decurso per quadriennium studio possit accedere : si quis igitur ad eum gloriæ apicem , honestâ contentione cogitat , primò literas exhibeat collegis Doctoribus sui tum baccalaureatùs , tum licentiatùs , quæ literæ sint testes curriculi, non per saltum (quod ajunt) sed legitimè confecti.

XXXII.

Ostensis literis Decanum adibit hujus ordinis in actu agentem , à quo se promoveri postulabit : Decanus tum ab eo jurisjurandi fidem exigat, de religione primùm candidati , tum de inculpatis moribus certior factus : non prætermittat obedientiam scholæ , Antecessoribus debitam , quod singulis exactis certaminibus pro more majorum exposcitur.

XXXIII.

Tum solemni ritu præfabitur Decanus , cui orationi ubi finem imposuerit, candidatus assurgat , & perpetuâ oratione proferat in medium , quæ ad rem præsentem , & sacrorum canonum dignitatem faciant : interdum dicis causâ disputetur ab astantibus : sed quia promovendus jam non uno examine spectatus est , præcidetur , facto silentio , omnis causa disputandi.

XXXIV.

Tandem doctoratus expediantur insignia : primò induatur cappâ doctorali , deinde zonâ cingatur , quæ balteo militari quodammodò respondeat , huic liber primùm clausus , deinde apertus ostendatur , ut meminerit , sibi ignota primùm fuisse sacrorum canonum placita , certéque incognita, deinde post multos & assiduos labores tandem facta pervia & aperta.

XXXV.

Ad hæc pileo doctorali operiatur caput , & , ne quid desit, quasi ad ritum spiritualis conjunctionis, annulus auri puri digito apponetur. Et postmodum osculo à Doctore coryphæo, dein cæteris Collegis, fraterno amplexu excipietur.

XXXVI.

His defunctus laboribus, & donatus doctoratus titulo, Deo Opt. Max. gratias agat, non sine grati animi testificatione , quâ tum Antecessores, tum præsentes alios, qui actum illum celebrarunt, sibi devinciet : quibus peractis, literæ per Decanum subsignatæ, & sigillo munitæ illi tribuantur.

XXXVII.

In his omnibus actibus convivia, aliíque sumptus extraordinarij non fiant.

SVIVENT D'AVTRES ARTICLES adjoûtez aux precedents par Arrest de la Cour du vingt cinq Septembre l'an 1600

APPENDIX AD REFORMATIONEM
Facultatis Juris Canonici.

I.

OBSERVENTUR in primis statuta scholæ , ex reformatione Cardinalis Totavillæi , tum in deligendis ad publicam juris docendi facultatem, magistris ; tum in provehendis ad honores Scholæ aliis extraneis.

II.

Solis Clericis olim cathedram juris patuisse notum est : nunc perpaucis, aut nullis fere ex eorum numero existentibus, qui studio juris animum applicent, uxoratis viris id munus profitendi non videtur invidendum.

III.

Nullis permittatur cathedræ doctoralis locus, nisi juris utriusque peritiâ probatis, & non uno tentatis examine.

IV.

Assidua statis horis opera præstetur à doctoribus in suo profitendi ordinario munere.

V.

Sicubi tamen ijs abesse expedierit, à Collegio permittatur : sed ad dies saltem aliquot, ne tamdiu Schola cessatores ferat.

VI.

Qui secus faxit, semel monitus scholæ fructibus & obventionibus privetur : & si diutiùs officio abfuerit, honore omni ac jure scholæ arceatur.

VII.

Causæ nullæ absentiæ, vel cessationis justiores, quàm adversæ valetudinis, vel negotij non affectati.

VIII.

Assiduum & debitum prælectionum pensum, nullâ vel beneficia is auctoramenti, vel officij Ecclesiastici, vel privatarum lectionum occasione deferatur, vel intermittatur.

IX.

Qui necessarium docendi munus subterfugiunt, aut raro, vel nunquam scholæ intersunt, à scholæ fructibus & honoribus removeantur.

X.

Doctores ordinarii per se, non per substitutos, ad legitimum & ordinarium prælectionum pensum adigantur.

XI.

Nullus in hac Universitate juris professionem sibi tribuere præsumat, nisi petitâ primùm veniâ, & annuente toto Collegio.

XII.

Si qui professores causarum patrociniis pares esse possunt, iis non invidendum quidem: sed quæsito quocunque colore scholam non deserant in fraudem juventutis jurisprudentiæ & sacrorum Canonum studiosæ.

XIII.

Beneficiarij, quibus animarum cura incumbit, ad hanc professionem non cooptentur.

XIV.

Non liceat scholæ doctoribus ordinariis docere, nisi ex præscripto legum scholæ: non frustulatim, aut per epitomas, spicilegia quædam minuta Canonum fingere, & auditores eo astu vel inescare incautos, vel ludificare.

XV.

Doctores ordinarij extraneo cultu, & insignia doctoratus non habentes, scholas non ingrediantur.

XVI.

Comitia, pro majorum more, in fcholis publicis (non privatim) Decani elogio præeunte , ha-
beantur.

XVII.

Comitiis Univerfitatis, tres , aut ad minimum ,
duo hujus ordinis interfint.

XVIII.

Nihil à fingulis inconfulto Collegio tentetur,
quod univerfam fcholam refpiciat.

XIX.

Claves ciftæ majoris , in quâ Collegij fchedæ
veteres & inftrumenta fervantur, non uni & alteri ,
fed tribus aut quatuor Collegis, de Collegij con-
fenfu , committantur.

XX.

Nemo ad bacealaureatus gradum admittatur ,
nifi à duobus minimùm doctoribus ferio probatus
examine : ad licentiatus verò gradum nemo prove-
hatur , nifi à tribus minimùm itidem doctoribus fe-
veriore concertatione tentatus : doctoris autem in-
fignia non conferantur , nifi fedente ac præfente
omni Collegio.

XXI.

Literæ gradus nemini abfenti permittantur.

XXII.

Graduati non in privatis ædibus , fed in loco
majorum, hoc eft, in fcholis ipfis, promoveantur ,
citra fraudem , priùs habito diligenti examine.

XXIII.

Qui contrà doctor faxit , à fcholæ honoribus

omnibus & privilegiis repellatur, & graduatus ipse, si dolo peccavit, gradu privetur.

XXIV.

Subsignatio literarum gradus, non à scribâ solo,
sed à Decano priùs, aut seniore aliquo fiat.

XV.

Sigilla collegij quâcunque dissimulatione aliò
non asportentur, quæ religiosè servari & occludi in
cistâ oportet ad id majorum more destinatâ.

XXVI.

Nemini uni vel favore aliquo, vel gratiâ, sigilla permittantur, ne quid alienum à decoro fiat hujus
ordinis.

XXVII.

Nusquam licentiatus literæ tribuantur, nisi habito priùs examine, per Decanum, cum elogio, graduatus offeratur Cancellario Universitatis.

XXVIII.

Placita supremæ curiæ diligenter observentur
de honorario à graduatis præstando pro quibuscun-
que literis.

XXIX.

Appendatur tabella in superioribus scholis, ne
quid ultra exigatur, quàm quod à Senatu fuerit ar-
bitratum.

XXX.

Nihil à graduatis, qui promoventur, omninò
exigatur seorsim, à singulis doctoribus, vel bidellis, vel scribâ, sub pœna nullitatis literarum graduatis concessarum, & abdicatione officij ejus, qui
quid in fraudem collegij fecerit.

XXXI.

Provideat collegium, ut bidellis & scribæ justa & moderata merces decernatur, qui si ampliorem exegerint, officijs suis priventur.

XXXII.

Bidelli semel & iterum moniti, ut suum per se officium faciant, neque vicarias operas substituant, si pervicaces fuerint, officiis itidem suis priventur.

XXXIII.

Juris ordinarii professores, qui ad aliam facultatem convolant, è doctorum numero expungantur.

XXXIV.

Cùm quis ad regentiæ publicum munus provehitur, statim, nullaque interposità morâ jusjurandum à collegis præstetur omnibus apud duos selectos viros Senatorii ordinis, ut religione omni, sine gratiâ & sordibus ad electionem veniatur.

XXXV.

Unus sit Decanus, qui singulis annis eligatur, nec duo, vel plures, sive re, sive nomine censeantur.

XXXVI.

Quod Decani officio incumbit, ab ipsomet, non quocunque vicario, præstetur: nisi forte urgente causâ necessariâ, & quæ probata sit ab omni collegio.

Registrées, oüy le Procureur general du Roy, de l'Arrest de ce jour. A Paris en Parlement, le vingt cinquiéme Septembre l'an mil six cens.

Signé, VOYSIN.

RESULTAT DE L'ASSEMBLE'E

ordinaire des Docteurs Regens, sur la disposition
des Harangues pour l'ouverture des Leçons.

DIE Jovis IX. Novembris in ordinariis Antecessorum Comitiis, actum est de Studii utriusque Juris, ineunte hoc anno Academico, instauratione. Cum *M. Michael de Loy*, cui pro reddità Facultati & Academiæ publicâ Juris Civilis professione Regi Christianissimo solemniori oratione gratulandi Provincia obtigerat, endemico catharri morbo laboraret graviùs, dum ei per valetudinem liceret suum hac in parte munus implere, Collegium Antecessorum è re tum publicâ, tum Facultatis esse censuit, ut post sacrum (quod moris est) in æde sancti Joannis Lateranensis celebratum, quinque alii Antecessores præstitutâ Die Martis 14. suum munus aggrederentur, præfatione quidem, ut solet, sed quæ oratoriis spiritibus non careret nec luminibus, id deposcente fœlicitate temporum quibus Facultas, priorum iniquitate adempta sibi ex Regis maximi munere, jura quasi postliminiò recuperasset. Ne porro concurrentibus simul duabus orationibus *MM. Joannis Doujat*, & *Petri Hallé*, quibus eadem hora docendi obtigit, alterutrâ defraudarentur Auditores: ne aliunde ex uno Auditorio ad aliud migrare & remigrare rursùs tenerentur: *M. Joannes Doujat*, Antecessorum Primicerius ultrò convenit uti, peractis sacris, Antecessores cum auditoribus ad Cameracense Auditorium se conferrent, in quo præfantem *M. Petrum Hallé*

H

priùs aufcultarentur: tum finitâ oratione *M. Petri Hallé* ad Facultatis Scholas regrederentur, in quibus quatuor Anteceffores orationes fuas haberent, fuo quifque, pro horarum in quibus præelectiones hoc anno habiturus eft ordine: fcilicet *M. Joannes Doujat,* qui hora octava matutinâ lecturus eft, ftatim à finitâ *M. Petri Hallé* oratione: tum horâ fequenti *M. Jacobus Baudin.* Defcendente vero fole *M. Stephanus de Melles* primò, tum *M. Joannes Cugnet,* horâ quifque fuâ, habendis præelectionibus orando proluderent.

DE MELLES
Decanus in actu.

Die Martis xiv. Novembris fexvirale Collegium Antecefforum in fuperiores Scholas Juris, Majorum locum, convenit: tum Sacro in æde D. Joannis Lateranenfis cui omnes interfuere celebrato, ad Auditorium Cameracenfe perrexere cum Antecefforibus auditores, qui frequentiffimi erant, *M. Petrum Hallé* præfantem audituri, quem frequens quoque expectabat virorum lectiffimorum confeffus, qui, ubi ab eo gratâ orationis contentione peroratum eft, ad Scholas Majores Facultatis fe contulêre *DD. Doujat & Baudin* à viris quoque eruditione & genere confpicuis expectatos audituri. Suam quifque Spartam adornavit. Pro virili poft meridiem fuas etiam partes obiere *MM. Stephanus de Melles, & Joannes Cugnet,* quos etiam orantes fuâ præfentiâ natalium fplendore & merito clariffimi viri cohoneftarunt.

Sequuntur orationes feu profufiones Antecefforum eo ordine quo funt recitatæ.

ANTECESSORUM

PARISIENSIUM

PROLUSIONES

AD SCHOLARUM UTRIUSQUE JURIS

INSTAURATIONEM

ANNO M. DC. LXXIX.

PETRI HALLÆI

ANTECESSORIS PARISIENSIS

ET PROFESSORIS REGII

ORATIO.

HABITA IN AULA CAMERACENSI,
die 14. Novembris anni 1679. Poſt reſtitutam Scholæ
Pariſienſi publicam Juris Civilis profeſſionem.

ECCE univerſus orbis Chriſtianus, quantus eſt, in LUDOVICI MAGNI
conſpectu jam ſilet, AUDITORES. Omnis armorum fragor ubique cecidit : & Pax, alma Pax,
bonorum omnium ac virtutum parens, & Studiorum nutricula, tandiu populis omnibus expetita,
tandem populis omnibus clementiſſimi Victoris be-

neficio afferta, manet. Belli vis à noftris finibus in Barbaros converfa, procul auditur, non fentitur. Quid ergo, quid pofteà? AUDITORES. Fecit Optimus & Sapientiffimus Princeps, quod optimi quifque & fapientiffimi Principes in tali rerum felicitate, & pari temporum cafu facere folent. Pacis Artes, quas varius belli turbo afflixerat, afflictas, folo excitare, & rurfum erigere fatagit. Quia verò pro fua fingulari prudentia apprimè novit, ingentia Regna, fi juftitiâ careant, magna fieri latrocinia confueviffe, primam ac præcipuam curam in afferendâ Legum autoritate, & in inftituendo & emendando Jurium ftudio collocavit. Juftitiam enim fine Juris auxilio, non magis fieri; nec judicia fine legum præfidio magis exerceri poffe, quàm bellum fine armis adminiftrari, intelligit. Itaque pro fua pietate, & fibi innato in populos & Togatum Ordinem ftudio, Gallicani Juris Interpretes inftituere meditatus, anteà Civilium Legum, quarum auxilio patria Jura indigere certum eft, Difciplinam, quæ per Galliam univerfam miferandum in modum jampridem defluxerat, ultrò benignè fovere: & Illuftriffimo viro, atque omni virtutum genere excellenti, MICHAELE TELLERIO Franciæ Cancellario, Legumque Cuftode, procurante, in integrum reftituere aggreffus eft. Cùm verò ex eo tempore, quo hæc Literarum parens Academia publicâ Jurifprudentiæ Civilis profeffione per Edictum Blœfenfe excidit, Romanarum Legum cognitio tanto apud Gallos faftidio extitiffet, quanto amore eorum animos anteà fibi devinctos habuerat; & ab iis, qui se Jura tueri profitentur, auxilii parum speraretur, huic malo tam inveterato, ac tam latè patenti, quod Herculis manum verè postulabat, repurgando & eluendo animum applicuit : ac Legalis Jurisprudentiæ studium, post sæculum integrum, longo quasi postliminio ad nos reductum, huic Regiæ Urbi, quæ suorum Civium liberos in suo sinu, & in parentum conspectu deinceps ad Togæ munera instituendos læta videat : & Parisiensi Scholæ, quæ disciplinæ ac diligentiæ signum attollat cæteris, altero solenni Edicto restituit.

Neque verò Lutetiæ tantùm, & Academiæ Parisiensi, quæ luculentâ sui parte malè caruerat, hoc egregium munus præstitum voluit, AUDITORES: sed etiam universam Studiorum Juris disciplinam certis legibus comprehensam, & congruâ ratione constitutam, in omnibus hujus Regni Academiis, quas publica Juris professio aliquando decoraverit, observari voluit : ut omnes ubique intelligerent, quòd *& spes, & ratio studiorum in Cæsare tantùm* consisteret.

Apud nos verò hæc docendi ratio, diu, multúmque, & pluribus ventilata, sic tandem ordinata stetit. Sex Antecessorum uni Justinianæas Institutiones iterum ac tertiò per triennium explicandas : ac Digestorum, & novem priorum Codicis Librorum Rubricas, arte quadam sibi cohærentes, Jurisprudentiæ candidatis, digito quasi ad fontem intento, indicandas : Alteri Digestum vetus cum dotium ac Tutelarum Tractatibus : Tertio Infortiati, quod vocant, cætera : Quarto denique Digeftum novum pari annorum numero interpretanda, & cum Jure novo componenda : ut Studii Legalis curfus triennio, quà fieri poteft, ab omnibus fimul conficiatur; Reliquis verò duobus Juris Canonici, veteris verò maximè, in cujus ufu Ecclefiæ Gallicanæ libertates pofitæ funt, exponendi provinciam impofuit : ac fingulis laborem, æquatis partibus, quatenus difcrepans Operum ratio patitur, & Studiorum profectus poftulat, fui Confiftorii decreto difpenfavit.

In hac verò triennalis penfi diftributione, AUDITORES, mihi, quamvis Antecefforum omnium minimè exercitato, illa Juris portio, nefcio quo fato, contigit, quæ, cùm ultimas voluntates, & fuccefiones ab inteftato contineat, multis, implexifque difficultatibus, quæ laboris plurimùm poftulant, abundare dignofcitur. At cui nam Invicti & Magnanimi Principis voluntas : graviffimorum hominum, BOUCHERATII & BASINII, qui à Rege ex ejus Confiftorio delegati, cum PELETERIO & BIGNONIO Clariffimis Collegis, in hanc rem ftudiosè laborârunt, autoritas : Totius Togæ utilitas : hujus Urbis & Academiæ gloria : Scholæ hujus Juridicæ, noftris quoque vigiliis, & affiduo viginti quatuor annorum fudore in novum ftudium jam efflorefcentis fplendor & dignitas non addat animos ? Ecquis in Difciplinæ tam utilis ac neceffariæ, quæ brevi, ut quidem fpero, Humaniores Literas, quarum cognitione nullus Magiftratus idoneus careat, in hac Academiarum Principe jampridem fatiſcentes ſuſtentura eſt, miſerè jacentis, erigendæ, & adjuvandæ conatu, & in depellendis ab ejus facie ſitu & ſordibus animam ponere laudi non duxerit? Mihi profectò in animo eſt nulli curæ, nulli diligentiæ, nulli labori parcere. Quicquid virium, quicquid ingenii, quod ſemper ſenſi, quàm fuerit exiguum, ſupereſt, id totum, quicquid eſt, in meum munus adimplendum, & in hujus lectiſſimæ Juventutis, legum cupidæ, meíque amantiſſimæ commodum impendere certum eſt. Intelligo, AUDITORES, non modò Academiam hanc, ſed & univerſam Galliam, clariſſimæ rei novitate commotam, in nos habere converſos oculos. Ecquis verò eſt tam fractus animo, perfrictâ fronte tàm perditus, ut tanti Regis imperio, ut ſanctiſſimi Cancellarii deſiderio, ut ardentibus Civitatis votis, ut communi ac publicæ expectationi, ut denique ſuæ ipſius utilitati & gloriæ, quà poterit, non reſpondeat? Me pungit & incitat inſtaurandæ rei dignitas & magnitudo. Pungit quoque, ac ſtimulat Daneſiorum, Tuſanorum, Finæorum, Turneborum, Gallandiorum, Paſſeratiorum, Borboniorum, tótque aliorum præſtantium Regis Profeſſorum memoria: qui in hoc loco vocem per me jam recipienti, ac recèns Regiâ liberalitate ad publicam Profeſſionem reſtituto & egregiè apparato: ex hoc ipſo ſuggeſtu nobiliſſimam Juventutem egregiâ ſui nominis famâ ex variis nonGalliæ modò, ſed univerſæ etiam Europæ partibus excîtam, omnia linguarum ac diſciplinarum genera tam feliciter docuerunt: Quorum non pauci aliquot etiam Valeſiæ

Stirpis Principes,qui hocce Auditorium fuâ præfentiâ & majeftate implerent, Auditores habere meruerunt.

An verò me defidem effe , & otiari fin at aliquando illa Clariffimi viri Claudii Pelleterii
indefeffa in inftaurando Juris ftudio , & in promovendo communi bono fedulitas ? Quò namque,
Clariss. Antecess. quò tandem nofter labor
evafurus erat, nifi Deus Optimus Maximus, hunc
egregium noftræ Scholæ Suffetem & acerrimum Vindicem nobis obtuliffet: qui Pifcinam hanc Proba-
ticam, quæ olim , velut quædam Camarina refe-
derat, non ad corporum fanitatem, quod vulgare
eft: fed ad ingeniorum lucem , & rectitudinem
morum, quod cœlefte, velut alter Angelus, for-
tiùs commoveret : qui ubíque languentibus Legalis Difciplinæ aquis panacæam infunderet: & ipfas
ex deviis erroribus, in quibus putrefcebant, in na-
turales alveos revocatas efficeret falutares ? Illud nimirum eft excelfi ac benefici illius animi fpecimen,
ut de hac Civitate, ut de omnibus femper benè
mereri velit. Scio, me, Auditores, optimi Viri onerare modeftiam : fed illius majora funt in nos, majora funt in vos, Legum Studiofi, & in omnes bonos merita, quàm ut tot præconiorum, quæ illi à
nobis æternùm debebuntur , partem aliquam in
hac folenni Studiorum utriufque Juris inauguratione ingrati non delibemus. Hic eft enim magni animi illius, ac publicæ utilitatis promovendæ affectu
femper æftuantis, fœtus verè aureus : quem ex eo
tempore, quo, cùm ampliffimam Præfidis Currulem

in

in Senatu, toto tanti Magistratûs munere impleret, tristem in Patronorum ordine juris imperitiam præ illa excellenti, quæ superiori sæculo in eodem floruerat, eruditione & facundia, miserabatur, conceptum, hoc tandem tempore LUDOVICI MAGNI bonitâte & amici potentissimi operâ obstetricantibus in lucem edidit. Quod-nam hominum genus ab eo quotidie beneficiis non afficitur? Quot & quantis commodis & ornamentis Lutetiam, quandiu ejus clavum & Præfecturam ab optimo Principe per octo annos cum ingenti omnium Civium plausu creditam tenuit, locupletavit! Apud Romanos alium famæ consecravit antiquitas, quòd viam aliquam lapidibus munivisset: alium, quòd rivum aliquem in Urbem induxisset: vel angustas Tiberis ripas brevi ponte conjunxisset. An verò satis laudum in te effundi aliquando potest, Vir Illustrissime, (hunc enim, Auditores, absentem, velut præsentem ex animi mei gratulationis affectu gestientis alloquor) quòd hanc Sedem Regiam, hanc sublimem omnium Urbium metropolim, Regni arcem, & communem Francorum omnium patriam tot portarum magnificè extructarum altitudine: validis & ad amœnitatem pulcherrimis murorum munitionibus & propugnaculis: tot arearum, veluti totidem Comitiorum, amplitudine: tot portubus & ad commodam navium ac mercium stationem, & ad opportunam commeandi copiam ab utrâque Sequanæ ripa operosè apparatis & instructis: tot platearum vel apertarum, vel ex angustis viarum anfractibus spatiosè expeditarum latitudine : tot factis, aut refectis pontibus : tot inductis vel reductis fontibus, tótque aliis operibus publicis, quæ vel ipse perfecisti, vel quibus felix auspicium dedisti, exornaveris? quòd ante annos duodecim immensum hunc Parisiensium populum, & in eo omnes Regni populos ab imminenti pestis contagio, quo tempore illius morbi vis Suessiones, Rotomagum, & alias in circuitu Civitates acerbè populabatur, invictâ & indefessâ curâ, & eâ prudentiâ, quam Aula, quam Senatus demiraretur, planè immunem servaveris ? quòd denique tanto amore bonorum omnium animos, comi gravitate, suavi facundiâ, inoffensâ æquitate, singulari in rebus agendis ingenii dexteritate, & fide : pietate, morum innocentiâ & egregiâ animi moderatione tibi devinxeris, ut illud ab omnibus de te meritò prædicari debeat, quod de suo Catone Lucanus aliquando cecinit :

——Hi mores, hæc duri immota Catonis
Secta fuit, servare modum ; finemque tenere :
Naturámque sequi : patriæque impendere vitam :
Nec sibi, sed toti genitum se credere mundo.
Justitiæ cultor : rigidi servator honesti.
In commune bonus.
Quid plura ? AUDITORES,
——Urbi pater est, Urbíque maritus.

Jam verò, si privatam ejus vitam propiùs inspicere liceat, quæ pars temporis vel ab assiduis doctissimorum hominum colloquiis, vel à scrutandis

Ecclesiastici, publicíque Juris ruderibus, vel à variis utriúsque mutationibus & conditionibus indagandis & sequendis; vel à diversis Municipalium Jurium Galliæ rationibus conciliandis & in unam consonantiam erigendis :·vel à componendis privatorum contentionibus : vel à Principum familiarum rebus adjuvandis, nedum ab exercendis publicis Judiciis, illi vacat? An quisquam est, qui ipsum his Claudiani paucis versibus in suo Theodoro Mallio, Togatorum sui temporis facilè Principe, designatum videri negaverit?

Huic vita pars nulla perit : quodcúnque recedit
Litibus, incumbit studiis ; animúſque viciſſim
Aut curam imponit populis, aut otia Muſis.

Quid memorem, ipsum per se, & per lectiſſimos Viros liberorum, quos Deus Optimus Maximus egregiè natos, & ad pietatem, & ad omnem eruditionem, patris exemplo, sponte assurgentes dedit, ingenia liberalibus disciplinis diligenter excolere : ut alios Ecclesiæ lumina ; alios præsidia Togæ : omnes Regni ornamenta, suique similes, & illustrium Avorum gloriâ dignos efficiat?

Ad materiam porro quod attinet, AUDITORES, quæ mihi ad publicè prælegendum publico Decreto imposita est, *funes ceciderunt mihi in præclaris.* In vigesimo enim octavo Digestorum libro, & aliquot sequentibus, quos interpretandos aggredimur, de famosa illa, ac vexatiſſima, in qua doctiſſimi quique Juris Interpretes enodanda de-

sudârunt, Teftamentorum materia, & de fucceffio-
nibus ab inteftato agitur : & quidem , fi rerum
ordo & librorum feries fpectetur, opportune. Nam
cùm Tribonianus, librorum Juris fub Imperatore
Juftiniano conditor , τὰ.προῗπα , feu Juris primordia in quatuor primis Digeftorum libris præmi-
fiffet : tum Judicia & in rem actiones in feptem
fequentibus fubjeciffet : varios deinde contractus
cùm principales, tum acceflorios, ex quibus actiones in perfonam oriuntur : & quofdam quafi contractus in multò pluribus ex ordine attexuiffet, in
noftra Digeftorum quinta parte Teftamentarias &
ab inteftato hæreditates, interjectis Prætoriis bonorum poffeffionibus, ad utrafque refpicientibus,
quæ quidem omnes quafi contractus quoque funt,
gradum fecit. Cùm verò hæreditati ab inteftato
locus non fit, quandiu teftamentaria fperatur , ut
in *l. quandiu* 89. *ff. de Regul. Jur.* dicitur : & hæc
in folenni juftóque teftamento deferatur , . opportunam ultimas voluntates explicandi occafio-
nem nactus, omnia teftamentorum genera & jura
evolvere : ac materiam hanc fuse pro ejus dignitate & copia tractare aggreffus eft. Teftamentum
enim, AUDITORES, folennis res eft : & in familiis domefticæ legis vicem obtinere folet. Nulla
natio extitit, fi modò quodam morum cultu cen-
feri potuit, quam teftamenta ordinandi quædam
follicitudo non tenuerit. At quod-nam hominum
genus acriùs, quàm Romanos, hæc cura fatigavit?
Quot Leges apud eos de re teftamentariâ conditæ ?
Furia, Voconia, Velleia, Cornelia, Caninia, Papia,

Falcidia, tótque aliæ, & omnium prima Decem-
viralis? Quot facta Senatuſ-conſulta? quot Præto-
rum Edicta, & Imperatorum Conſtitutiones pro-
mulgatæ? Ac meritò quidem Juſtinianus in No-
vella decima octava Juris Codices talium rerum
tractatibus plenos conſiſtere aſſeverat. Quin-etiam
apud eos vix accidebat, ut, propter legum varie-
tatem, & juris ambages, quiſquam ſine Juriſ-peri-
to ad ſupremum elogium ordinandum accedere au-
deret, quod ex *l. Lucius Titius* 88. §. *ult. de legat.*
2. intelligitur. Apud nos verò graviores cauſæ de
Teſtamentis, Subſtitutionibus, Legatis, Fidei-com-
miſſis, & ab inteſtato Succeſſionibus in foro quotidie perſonant : quæ quidem vix eſt, ut abſque Romanarum Legum auxilio decidi poſſe videantur.
Sed veritus, ne præfationis brevitas in juſtæ orationis magnitudinem aſſurgat, AUDITORES,
finem dicendi faciam, plura craſtinâ die explicando
dicturus, plura ſequentibus diebus dictaturus.

JOANNIS DOUJATII

ANTECESSORUM PARISIENSIUM

AC REGIORUM PROFESSORUM

PRIMICERII,

PRÆFATIO RECITATIONUM

HABITA IN SOLENNI JURIUM
Professionis instauratione.

REVIVISCUNT tandem studia nostra, ANTECESSORES CONSULTISSIMI; resurgunt & studia vestra, SCIENTIÆ JURIDICÆ CUPIDI ADOLESCENTES; in veterem splendorem cuncta hîc hodie renovantur, AUDITORES ORNATISSIMI: & hanc, & cum hac, cæteras, quæ ab illa manarunt, Juris utriusque per Galliam Scholas feliciter instaurat LUDO-VICI MAGNI providentia.

Quin etiam antiquam in sedem Themis, Legum Interpres, ab eodem nostro Apolline revocata, post centenarium demum silentium ipsa quoque in hocce Parnasso sua, ut priùs, reddet Oracula. Quemadmodum notissimus Armeniæ fluvius Tigris quem inter quatuor Paradisi flumina non postre-mum sacræ memorant litteræ, in cuniculos demersus aliquandiu latet , ut postmodum renascens, cum Euphrate , altero ex ejusdem Paradisi amnibus, aquas consociet, ac pleniori deinde alveo uberiùs irriget terras : Sic Diva illa Civilis sapientiæ Præses, post diuturnum damnosumque nimis exilium redux, apud nos unà cum sacra Canonum Disciplina auspicatò refulgens, communi cum ea fano coletur imposterum; nec sororem ultrà deseret soror.

Hæc primarii geminæ Jurisprudentiæ Templi, partim integrum plane seculum clausi, partim diutius quam par erat, squalentis, bonis omnibus expetita instauratio; hæc illustria Scholæ nostræ Encœnia, à nobis, qui per sapientissimi Principis benignitatem utriusque nunc Sacerdotio fungimur, Secularia quædam velut Carmina desiderare videntur, quibus tanti beneficii autorem, gratiis agendis, habendaque gratulatione, pro virili quisque celebremus.

Verùm cui tanta animi aut ingenii fiducia sit, ut speret se lucis aliquid fœneraturum huic Galliarum, atque adeo totius Europæ Soli? huic, inquam, soli nostro ; cujus radios ne Aquilarum quidem oculi ferant; & cujus sublimem rapidumque cursum persequi velle , Phaëtontis excesserit temeritatem.

Satius mihi quidem, atque, ut puto, prudenti cuivis, ejus numen religiosâ taciturnitate venerari. Quis enim illius & de victoria cogitantis providentiam ipsi uni comprehensam; & vincentis fortitudinem ac celeritatem incredibilem; & victoris inauditam

auditam omnibus sæculis moderationem, quâ se
victis hostibus, quam sibi ipsi æquiorem toties præstitit, dignâ satis oratione prosequatur?

Quis tot tantaque alia, non minus Pacis, quam
belli miracula, exteris pari nobiscum stupore au-
dita, & spectata, ac propter magnitudinem vix
etiam spectantibus credita; non dico verbis utcumque exprimere possit, sed vel mente animoque
concipere?

Quis denique satis miretur novum, & patrio
Regno majus, imperii genus, quod sibi non Majoribus debet; non nascendi felicitate delatum,
sed admirabilium virtutum opus, sed gestorum
splendore incomparabili partum, summum nempe,
ut in suos, sic in longinquos æquè ac finitimos populos regesque, sic apud socios, ipsosque apud
hostes, omnium rerum arbitrium.

Hæc ego, aut eorum certè primordia, & publicâ oratione & nuncupatoriis epistolis, studio ingenti ex amore, sed imprudentiâ non minori, magnorum
ingeniorum exemplo delibare conatus aliquando
sum. Sed mihi illa ipsa primordia, illa inquam im-
perandi per se, atque expromendarum regnandi artium, non quidem rudimenta, sed certè initia, mihi,
nec mihi magis quam aliis summa licet eloquen-
tiâ præditis; sed omnibus omnino, quorum in eodem argumento desudavit industria, propriæ tenuitatis confessionem extorsit incepti cognita ipso
conatu magnitudo. Audaciam quisque suam non
sine rubore damnarunt: professi pariter culpam,
& solantes invicem, susceptæ materiæ sublimitate,

K

quæ ad fui tractationem cunctos æquè impares efficeret. Experimento quippe didicere, eximii fum-
mos inter Principes LUDOVICI XIV. vel
minima quæque omnem dicendi vim atque artem
ita fuperare; ejus ut laudes, cum affequi oratione,
aut longo etiam intervallo fequi nemini liceat,
deterendæ neceffario fint celebrare conantibus,
quantumcumque grandi ac fplendida commemo-
ratione. Cujus autem non vires captumque longè
nunc fuperemineant confummatæ jam ufu ipfo ad
omnium gentium, omniumque feculorum admira-
tionem atque exemplum Regiæ virtutes : Si tamen
exemplum dici oportet, quod imitari nemo queat.

Cum itaque admiratio non verba, fed filentium
pariat : intelligo mihi aut indictam tacendi necef-
fitatem, aut à Rege Maximo, cujus præfertim honori noftra hæc facra celebrantur, flectendum aliò
fe monem. Et verò, præterquamquod meminiffe
oportet alteri effe delegatum ingens illud munus
gratiarum actionis : tanta de rebus aliis dicendi
materia occurrit, ut verendum fit ne rerum copiâ,
magis quam inopiâ laboremus. Sive enim de Illuftriffimis viris differendum effet, per quos ad exitum feliciter perductum eft magnum hoc inftau-
randæ Jurifprudentiæ opus : five rei ipfi, quæ præ
manibus eft, inhærendum, déque officio in ea no-
ftro & præfcripto docendi juris novo more, agendum videretur : offerret fe nobis immenfum, ut
ita dicam, maris æquor arandum.

Solennis certè hæc dies folennes gratias deferri
à nobis poftularet incomparabili MICHAELI

Tᴜʟʟᴇʀɪᴏ, qui agitatum antea complures annos, ac pro sua sapientia & æquitate, pro perpetuo in commune bonum studio conceptum mente
utilissimum consilium, ubi primum data occasio
est, protulit in lucem ; & quo auctore in pristi-
num, & gloriosum statum, in statum, inquam, Maximo Principe, ac nullam non utilitatis publicæ
partem ad providentiam suam revocante, dignum,
reposita videmus quæcumque Cancellarii sollici-
tudinem poscebant. Cancellarium enim Franciæ
qui dicit, is Justitiæ & Jurisprudentiæ, quæ Justitiæ
mater est, aut magistra, summum assertorem dicit
ac vindicem.

Neque vero Schola solùm nostra curis ejus debet recepta vetustissima sua jura. Debet ei nobiscum Academia Princeps, quod integra & omnibus suis partibus absoluta, restituto, quod ab ejus
corpore indignè avulsum jamdiu fuerat , nobili
membro, non habet amplius, quod minoribus
Academiis, coloniis nempe suis, invideat. Debet
eidem regia Urbs, quod quemadmodum ad ma-
gnificentiam felicitati temporum convenientem
assurgit, quemadmodum inauditâ priùs securitate,
nocturno perinde ac diurno tempore fruitur : ita,
(quod unum adhuc videbatur deesse) hoc adeò ne-
cessario ad excolendas hominum mentes ornamento
decoratur. Debet quòd legitimam scientiam (sine
quâ nec intelligi bonum & æquum, nec stare civilis
societas potest) aliunde arcessere, & quasi emen-
dicare non cogetur : sed habebit in sinu suo ubi
omnium bonarum artium genere , nullo penitùs

dempto, præclara Patriciorum, Plebeiorumque
suorum informentur ingenia. Debet denique tanto Magistratui Gallia tota, quòd, Legibus haud secus quam armis sub MAGNO LUDOVICO,
gentibus cæteris, etiam ultra priorum seculorum gloriam, antecellet. Nec sanè sub tantis auspiciis tanto-
que exemplo nudâ Legum notitiâ ad ostentationem
aut ad oblectamentum quoddam quæsitâ, se posthac inaniter efferet Gallia nostra: sed succo earum
& quasi vitali spiritu in mores judiciaque transfu-
so, duraturam felicitatem consequetur.

Exigeret deinde hoc ipsum tempus ne indicta
mihi abirent ingentia quatuor Togatos inter Pri-
mores nomina, Sacri nimirum Consistorii Comites
à Rege delecti, quorum prudentibus consultis ad
finem res tanta perduceretur. Hi sunt Illustrissimi
LUDOVICUS BOUCHERATIUS, CLAUDIUS BASINUS
BESONTIUS, CLAUDIUS PELLETERIUS,
HIERONYMUS BIGNONIUS, qui communi con-
silio singula exactissimi judicii sui velut trutinâ exa-
minarunt: priores duo exequendis apud nos Principis mandatis speciatim delegati sunt. Omnes
amplissimis jamdiu honoribus egregiè functi, doctrinâ omnes, ingenioque & probitate, atque in
Regem singulari fide conspicui; omnes per diver-
sos Senatoriorum laborum gradus, pluriumque
annorum experimenta, ad Regium Consilium,
ubi honorum culmen est, merito quisque suo eve-
cti; & (quod apud nos Jurium Professores vel præcipuum haberi debet) omnes ex eorum procerum
numero qui cooptatione ac patrocinio suo co-

honestarum ordinem nostrum voluerunt.

BOUCHERATIUS (ut summa tantum rerum capita attingam,) per multiplices in primæ dignationis Provincias, Occitaniam & Britanniam, legationes, & plures judiciorum Consistorianorum Præfecturas, omnibus, nobis etiam per Decanatum honoris humanissimè gestum non uno beneficio cognitus.

RESONTIUS diuturniore paulò per Occitaniam legatione, & creditis Regii cognitoris ad maximè ardua negotia partibus, atque exploratæ inter alios in omnibus rebus industriæ constantiæque nomine clarus. Taceo ex facundia jamdiu experta, vetustissimum in Regali Academia Francica locum. At promptæ semper in me ac meos humanitatis officia, nec unquam oblivione delere possum, ac ne nunc quidem ingrato silentio transmittere.

PELLETERIO quid à me privatim debeatur, non sinunt hîc eloqui publica ejus, quæ me ad se vocant, in Urbem Collegiumque nostrum officia. Illa imprimis tot rebus illustris Ædilium Præfectura, per quam Urbis facies miro commeantium commodo jucundóque aspectu sic est immutata : ut novâ tum publicorum, tum privatorum ædificiorum atque operum elegantiâ & nitore cuncti obstupescerent, ipsique Domini sua vix jam agnoscerent : cum subitò, velut arte magica, pro tuguriis nata palatia, pro angiportis regiæ viæ, pro cloacis lapideæ moles, portusque eximii, ornatissimæ pro portis exiguis arces apparerent. Idem nunc apud nos Decani honoris recepto mu-

nere, quanta rebus Collegii noftri præftiterit, quantùm hoc ipfum inftaurandi Studii Juridici, quod
pridem animo conceperat, Confilium opufque totum curâ fuâ promoverit, non foli nos compertum
habemus. Nobis certè nec ignorare nec filere
licet, ipfum, ut urbis antea, fic poftmodum Ordinis noftri utilitates animo Patris-familiàs & am-
plexum effe & continuò fovere : denique fic effe
inftitutum, ut & fe ac fuos publico bono natos ,&
publica quæque pro domefticis ducat.

Jam BIGNONII abfolvendo encomio dixiffe fat
fuerit, quod in confeffo eft, eum magni Patris fpi-
rantem atq; expreffam effigiem, cum illius, veneran-
do bonis doctifq; omnibus, nomine, cunctas etiam
mentis animique virtutes cumulatiffimè reddere.

Sed nec gloriofiffimus CANCELLARIUS cujus non
magis dignitas fupra omnes titulos, quam nomen
fupra omnes eminet laudes; nec cæteri viri Illuftriffimi, quos ille in partem magni hujus incepti
vocavit; ejufmodi funt, quorum res atque virtutes
in tranfcurfu mihi memorandæ videantur. Tot tantaque, non unius generis, merita diverfas diuque
meditatas lucubrationes defiderant: ne fic quidem
cuiquam facilè exhaurienda. Stadium præterea illud
præclarè jam obiit, pro ea quâ valet copiâ, Cla-
riffimus ordinis noftri Antecefforii Secundicerius,
à quo in his folennibus facris, mihi, ut more Græcorum loquar, lampas eft tradita. Et dabunt mox
quoque operam junioresCollegæ,ut,quoad res patie-
tur, huic muneri finguli fatisfaciant. Certè, quod vix
inchoare hodie licebit, id, fi non perficiendi, at

prosequendi saltem, & repetendo amplificandi oc-casiones certatim arripient: Nec ego tam jucundo me oneri subtraham, si quæ unquam dabitur ansa, (quam spero non defuturam) officiorum tantorum, aut singulis, aut universis, gratam testificandi memoriam.

Nunc, quando dandus aliis perorandi locus, ne diutius eorum elaboratas orationes interpellem, finem mox faciam hodierna die dicendi. Neque mihi dubium est, quin de his rebus verba facundè quisque facturi sint, de quibus mihi, & scripto, & vivâ voce, tum ex hoc, tum (pro Regii Professoris munere) è Cameracensi suggestu, differendum sæpius fuit: de Canonicæ puta, aut de Civilis Jurisprudentiæ utilitate atque præstantia; de illarum affinitate mutua, de utriusque peritia ad dignè in Regio & Ecclesiastico foro fungenda, sive causarum dicendarum, sive disceptandorum judiciorum munia; de antiqua Juris Civilis in Academia Parisiensi pluribus seculis professione; de eâdem seriò instauranda, restituendáque publica disciplina; déque aliis ejus generis, quorum refricari mentionem tempus ipsum suadet, aut imperat. Quam ego provinciam ne prorsus deseruisse videar, craftinâ die novas prælectiones à familiari Parænesi auspicabor, quâ Auditores ad regii Edicti mentem seriò atque alacriter amplectendam enitar accendere. Efficacibus saltem rationibus demonstraturum me confido, quàm necessaria sit ad omnes Juridicorum apud nos munerum functiones, Romani utriusque Juris cum Gallico nostro mixtura.

Nec fanè Jurifprudentiam Canonicam compa-
ranti cum Civili, difficilis admodum erit operæ, of-
tendere hafce difciplinas duas haud abfimiles effe
adolefcentibus in uno, ut ita dicam corpore, gemi-
nis, quales in Scotiâ fuperioris initio feculi vixiffe;
regni ejus Hiftoria teftatur. Inferiore, ad umbilicum ufque, parte, unum reverà corpus erat, pedi-
bus cruribufque infiftens duobus, neque à communi hominum formâ abhorrens. Cæterùm fupra
umbilicum, ita divifus erat corporis truncus, ut
pectora, capita, membra reliqua duplicata effent.
Itaque fi infernè, vel tibias vel crura læderes, ad
utrumque corpus in fuperiore parte perveniebat
dolor: at fupernè icto altero, illud folum, fo-
cio nihil fentiente, dolebat. Erudiri placuit id
hominis quodcumque effet: varias edoctum lin-
guas artefque, in Muficis præfertim profecit, adeò
ut, miro partis utriufque concentu, adftantium aures jucundiffimè demulcerentur. Non rarò in rebus difcutiendis aliud alii placebat, ut diffidere ac
prope rixari diceres. Plerumque tamen confulta-
bant in commune, ac mutuo complexu gaudebant.
Denique mors interveniens diremit, quam natura
fecerat, focietatem; nec diu alter alteri fuperftes
fuit: rupto quippe confortio contabefcens, paucos poft dies interiit.

Veram hanc effe demonftrabo Romani Juris
imaginem, cujus geminum corpus, & iifdem niti-
tur fundamentis; & quamvis legiflatione biparti-
tum in diverfa hinc inde tendere videatur: in univerfum tamen arcto adeò nexu ambo illa inter fe
corpora

corpora cohærent; ita in unum ad tuendam hominum focietatem, atque ad promovenda cadu-
cæ hujus pariter & æternæ vitæ bona confpirant:
ut æque ad ufum ambo neceffaria, confentiant
plerunque invicem, féque mutuo juvent; & fi quis
unum tollere conetur, utrumque fuftulerit. Quin
& quod de tricorpore Geryone Poëtæ fabulantur,
quod de Præneftinorum rege prifco Herilo narrat
fpeciatim Virgilius, nafcenti tres inditas à Feronia
matre animas, ternaque movenda data fuiffe arma:
id, fi vera fictis adumbrare licet, ad perfectum
apud nos Jurifconfultum non abfurdè aptari, evi-
dentiffimis argumentis evincam. Neque enim in
hac nobili arte omnibus abfolutus partibus quif-
quam erit, five Orator, five Confultus; nifi qui
Juris Gallici fingularem fibi notitiam comparave-
rit, ejufque pleno, ut ita dicam, flumine fuerit
inundatus. Noftrum autem hoc jus, quod feipfo
fatis anguftis finibus circumfcribitur, quantumcumque eft, ex illius fermè fontibus manat, nec
fine illius ope intelligi poteft, quod quidam externum videri volunt. Cur autem velint pro externo
haberi, quod diuturno populorum ufu, & (quod
caput eft) non uno aut obfcuro, fed quampluri-
mis, Regum Chriftianiffimorum fanctionibus evi-
denter comprobatum, & quafi adoptatum fit:
apparet non aliam effe rationem; quam quod, *Vide Jufti-
quidquid difficile eft, nec nifi magno molimine *nianum l. 1.
comparandum: id inertium intereft nullatenus ne- *paragr. 6.
ceffarium videri. Cæterùm qui exquifitam Juris *De veteri jure
quo utimur cognitionem, fine Romani & Civilis, *enucl.

& Ecclesiastici peritiâ acquiri plenè posse, aut consistere putant: hi cuivis in Tribunalium nostrorum triturâ tantillum versato, non patrii minus, quam Romani Juris utriusque prorsus ignaros se, vel hoc ipso, manifestissimè produnt.

Verùm esse alios audio, qui graviori adhuc in errore versentur. Omne etenim Jurisprudentiæ studium pro inani ac supervacaneo habent: & sicut in religionis negotio ii quos fanaticos vocant; ita hi in judiciorum disceptatione suam cuiqne mentem sufficere affirmant, & communem illum sensum, quem per superbum quoddam modestiæ genus, quo sibi minori invidiâ vindicent, cunctis hominibus liberaliter arrogant. His quid nos aliud, nisi bonam mentem precemur? quid optemus, nisi ut ex Apostoli præcepto sapiant ad sobrietatem? Ergone sutori (ut ad vilissima descendamus) sutori, inquam, nisi priùs Magistrum audierit, nisi artis præcepta perdidicerit, calceandos pedes committi nefas ducent: ipsi ad summum juris dicendi officium illotis prosilient manibus? illud arbitratu suo tractabunt, sibique nullo ante tyrocinio, nullo experimento ante præparatis, bona, honorem, vitam hominum pro libidine dijudicanda credi æquum censebunt? Et qui ne prima quidem litterarum elementa sine ludi-magistri ope perceperint, iidem egregios se causarum actores, Juris-consultos, Magistratus, ductu nutuque suo futuros, aut sperare aut jactare non erubescent? iidem æquè sapientissimis visa semper sunt difficillima, ea quibuslibet patere audacter asseverabunt? Quod si es-

set, si suus quemque satis instrueret rationis usus:
ecquis legibus ferendis, ecquis foret exquirendis
ac dicendis sententiis locus? Nimirum, quid verum in unaquaque re vel causa, quid justum esset, eadem omnibus ratio æquè suggereret: dissen-
tire ab alio nemo, non magis quam à seipso; nemo à recto tramite, ne si vellet quidem, posse aberrare, nisi per fictionem, aut scelus.

Aliud tamen, & quidem meritò, non solùm ve-
teribus Ægyptiis, mortalium quondam sapientissimis visum, quorum disciplinis excoli ipsi omnium per Europam bonarum artium parentes, aut
propagatores Græci pro magnifico ducebant : sed
& Turcis quoque ipsis, quantacumque apud eos
adhuc manent ab Scythica origine feritatis impres-
sa vestigia. Ægyptii quidem & scriptas octo volu- *Diodorus lib.*
minibus habuere leges; nec aliter judicia exercere *2. cap. 1. & 3.*
soliti erant, quàm hisce libris in medio positis;
ne ab legum unquam præscripto, vel per oblivio-
nem aberrare liceret. Turcæ, ductu naturalis illius
rationis, quâ se falsò jactant qui nullo studio con-
stare volunt juris dicendi potestatem, id hodiéque
observant, ut Judicibus pro tribunali sedentibus
semper ad manum sit Imperatoris Justiniani Co- *Leunclavius.*
dex, ipsorum sermone descriptus ; quem, quo-
ties præter communem patriorum institutorum,
tritarumque usu causarum morem quæstio incidit
aliqua, consulere non dedignantur.

Sed longiùs quam decreveram, in homines omni barbarie insulsiores justissima me indignatio ab-
ripuit; quæque proximæ recitationi reservabam,

aliqua ex parte coëgit expromere. Eant illi quidem quò nullus adhuc penetraverit humanus cul-
tus. At agnoscat nobiscum studiosa Juventus, quantum Augusti Regis providentiæ, vel hoc nomine
obstricti omnes simus, quòd hoc lumen judiciorum, hanc sanctissimam disciplinam (quâ seclusâ
caligare judicantium mentes, ac velut Cimmeriis te-
nebris undiq; circumfusas vacillare perpetuò necesse est) ab indigno, quo dudum laborabat, contemptu
vindicandam, ac nativo decori atque usui restituen-
dam bono publico suscepit. Nec pigeat præclaræ
arti totis viribus incubuisse, præcipiente præsertim
tanto Principe, cui nec hostes reluctantur, & qui
ita nobis imperat laborem, ut ipse primus omnium
subeat : qui primarios suos rerum agendarum
Administros sedulos, laboriosos, indefessos aut
nactus est, aut fecit imitatione sui : qui denique
nec sibi, nec cuiquam alii, ac ne unico quidem
ad summa quæque nato filio, imperii, &, quod
majus est, virtutum suarum heredi, DELPHINO
parcit, vel eo ipso quod natum ad summa cogitat.
Hujus ego assiduorum ab ineunte ætate in litterarum studiis laborum testis inter primos, non possum, non cum maxima, & in dies crescente admiratione recordari; nec consumpti inter gloriosa
obsequia temporis jucundissimâ recordatione sene-
ctutem meam non oblectare.

JACOBI BAUDIN

ANTECESSORIS,

ET PROFESSORIS REGII

ORATIO.

HABITA IN SOLENNI JURIUM
Professionis instauratione.

IS est omnium ferè Juris Facultatum genius, CONSULTISSIMI ANTECESSORES, AUDITORES SPECTATISSIMI : ut vertentem Scholarum instaurationis diem singulari apparatu, & quanta possunt solennitate celebrem agant : nec illotis, ut aiunt, manibus materiam interpretationis protinus aggrediantur : sed doctis facundisque orationibus imposito sibi muneri præludant.

Qui mos semper laudabilis, hodie necessarius fuit : cum enim Juris Civilis professionem in hac Schola olim vigentem, eique nescio quo deinde fato præreptam, invictissimi Regis benignitas, melioribus auspiciis, & communi Civium bono restituerit; quomodo res tanta, tantumque non huic solummodo Academiæ, sed & universæ Urbi decus allatura, ingrato silentio obrui absque ingenti piaculo potuisset ?

L iij

Oportuit tanto Principi gratulari, & debitas ei gratias perfolvere, qui poft affertam innumeris, & ftupendis prorfus Victoriis Gallici nominis æternitatem: poft firmatam ftabili pace tranquillitatem imperii : iis denique rebus geftis, quarum magnitudine omnium ante Regum memoriam facilè fuperavit; hunc adhuc gloriæ fuæ cumulum accedere poffe arbitratus eft, fi redintegrandis, regendifque ftudiis noftris aliquam curarum fuarum partem impenderet.

Quod quidem mirum videri nemini debet : nec enim minus Principi gloriofum eft, aut Reipublicæ minus utile legum difciplinam tueri, quam hoftium impetus compefcere : ubi enim illa non viget, quicquid ab hofte metuebatur, metuitur à Cive, ut non malè quidam dixerit bonas leges victoriarum effe complementum. Et certè quid intereft vis externa nos diripiat, an popularium audacia ? nifi fortè quod hoftilis terror non femper ingruit : calumniantium vero iniquitas femper in infidiis eft: adeo ut armorum quidem auxilio nonnunquam legum vero femper opus fit.

Intellexit ergo Confultiffima Facultas gratias eo nomine Optimo Principi meritiffimo jure deberi, agetque ocyùs quas poterit ampliffimas per clariffimum & difertiffimum Anteceflorem, qui totius Collegii mentem pro folita fua facundia prope diem executurus eft. Eafdem ego partes in me hodie non recipio, tum quia mandatam alteri provinciam occupare illiberalis ingenii eft; tum quia vires meas tanto oneri longe impares effe ultro profiteor.

Sed quoniam præter istud commune debitum, quod ille omnium nomine liberaliter in se transcripsit, quoque collegas suos exoneraturus est, aliud adhuc superest non Antecessorum modo: sed & Auditorum quoque ita proprium ac peculiare, ut in alium transferri nullo modo possit: nec eo se liberare vicariâ alterius operâ quisquam valeat: quale illud sit, quove pacto possit exsolvi, hac brevi prolusione aperire constitui.

Hoc singulis nostrum in solidum incumbit, AUDITORES, ut recenti Regis Edicto summa cum fide pareamus, & Sapientissimi Legislatoris voluntatem adimplere totis viribus adnitamur. In hoc uno tota posita est officii nostri ratio. Hoc, ut videtis, in socium rejicere nemini licet: sed per se quisque debet exequi. Ut autem exequamur feliciùs, tria mihi potissimum videntur diligenter inquirenda. Nimirum quæ sit mens consultissimæ, & sanctissimæ Constitutionis: tum ut ea suum effectum habeat, quid in Antecessore, quid denique in Auditore desideretur. Legis, inquam, scrutanda mens est: quomodo enim ei parere licebit, nisi quid illa jubeat, habeamus exploratum? videndum deinde quid à Doctoribus præstandum sit: vobis enim legitimum stadium ingredientibus, & ad metam pervenire cupientibus facem præferre, viamque præmunire Antecessorii muneris est. Declarandum denique quid vos servare oporteat, quia omnis Antecessorum opera inanis futura est, nisi Auditorum diligentia accedat; & alteram sine altera nihil efficere posse jampridem compertum est.

Mens Regiæ Conſtitutionis procul dubio hæc eſt, Auditores, ut qui deinceps in forum venient, ſive ut juri dicundo præſint, ſive ut cauſis orandis operam dent: necnon ii, qui Beneficiis, & Dignitatibus Eccleſiaſticis auctos ſe, ornatoſque cupient, idoneam Juris utriuſque notitiam habeant: nec prius ad vota properent, quam congruam votis, & ambitioni ſuæ peritiam fuerint aſſecuti.

Hactenus quidem invaluerat fatali quadam temporum injuria, ut omnes ferè cùm civilium, tùm divinorum munerum candidati cruda ſtudia in forum, Eccleſiamque propellerent, & artem omnium præſtantiſſimam juxta ac difficillimam, qua ſuum cuique aſſeritur, qua omnes injuriæ procul arcentur, qua totus reipublicæ ſtatus continetur, & qua proinde nihil diligentius in Civitate retinendum eſſe Tullius monet; exercerent citiùs quam diſcerent. Tantas porro vires acquiſierat prava iſta conſuetudo, ut omnem omnium hujus regni Anteceſſorum curam ac ſollicitudinem vinceret, & pro lege quodammodo ſervaretur: ſed eam profligavit tandem regia providentia; nec paſſa eſt amplius fortunis, dignitati, vitæ denique, ac ſaluti civium inſidiari. Et certè, ſi, ut Plinius ait, nihil oportet habere diſcendum tempore docendi, quis patienter ferat eum, qui jus non novit, nec dum Civili prudentia inſtructus eſt, ad jus dicendum accedere? dic, amabo, quomodo ſuum cuique tribuet, qui nec rerum qualitates ac differentias, nec varios acquirendi, retinendi, amittendive dominii: varios item contrahendæ, ac diſſol-

vendæ

obligationis modos, totumque judiciorum
ordinem (quæ omnia nonnisi ex libris nostris hau-
rire licet) unquam didicerit ? quomodo coercebit
nocentes, qui nec debitas criminibus pœnas, nec
ipsas criminum species noverit distinguere ? hæc, inquam, Tribunalium majestatem; hæc publicam pri-
vatamque utilitatem convellunt penitus, atque pes-
sundant.

Huic late grassanti malo occurrere speraverant
anteriores Reges, cum neminem in magistratuum
albo scribendum edixerant, nisi qui, & licentiatus
gradum esset adeptus; & coram universo collegio,
cui adscribi se cuperet, morum simul & eruditionis suæ fecisset periculum. Hæc tamen eorum di-
xisse liceat, rem non omnino peregerant: supererat adhuc aliquid; curandum scilicet fuit ne com-
mendatitiâ illâ, fucatâ, & nuper excogitatâ studendi, ac respondendi ratione, & scholis, & curiis
suis illuderent; & summotis omnibus præstigiis,
non apparerent tantum, sed revera essent eruditi.
Hoc tandem præstitit Rex providentissimus, cum
adipiscendis gradibus Academicis stata tempora,
certumque modum posuit: cum multiplicis examinis formam præscripsit: cum leges, quæ candidatis indicuntur, non ex ipsorum arbitrio, ut olim,
sed ex solius Illustrissimi Senatus Principis judicio
voluit assignari: cum denique studiorum sinceri-
tati, quæ minus in spe, quam in votis erat, omni
ratione prospexit.

Nec mihi objiciat aliquis nihil esse cur tanto
ambitu Juris Romani notitia commendetur: cur

M

tam anxie defideretur in candidatis, in promptu
effe conftitutiones regias, jura municipalia, quibus
inftructus judex fuborientes quafcumque lites diri-
mere abunde valeat abfque legum exoticarum far-
ragine: quin, ut illa deficerent, fuum cuique præ-
fto effe judicium : datum omnibus à natura recte
rationis lumen, quod afcititio, & emendicato ad-
juvari, aut, ut loqui non erubefcunt, obtundi neceffe non fit. Fugiendos juris apices, quorum authoritate perniciosè plerumque erratur, omnia denique ad æquitatem naturalem effe revocanda ;
eam verò omnibus, qui judicio polleant, per fe-
ipfam fatis patere: hæc, inquam, parciùs nobis ob-
jicere meminerint. Scio etenim, & lubentiffime
fateor in promptu effe jura Gallica, five quæ totius
imperii, five quæ cujufque municipii fines refpi-
ciant: imo ex finitimis gentibus nullam effe, quæ
tot, tamque fanctis legibus jactare fe audeat. An
ideo Jus Romanum explodendum eft, & à finibus
noftris procul eliminandum ? minime verè, micro
quod hujus ipfius regni bona pars eo regatur, ejufque authoritatem ita admiferit, ut inde Galliæ Romanæ traxerit appellationem: quis negare audeat,
quin in altera quoque parte, quam vulgo confue-
tudinariam vocant, maximus fit, & plane necef-
farius ejufdem Juris ufus ? Regias conftitutiones,
jura municipalia, utcumque perfecto fini tradita
fint, ut loquitur Juftinianus; non tamen omnes
cafus, qui quotidie incidunt, comprehendere vel
inviti experimur. In his ergo quò recurres, nifi ad
Jus Romanum ? quin imo paffim occurrunt ejuf-

...factæ, quorum exempla nec in nostro, nec in
Romano Jure usquam reperias, adeò ut inusitatæ
...sdam felicitatis sit controversiam aliquam, hoc
...illo, in terminis, ut aiunt, decisam invenire.
Dicam amplius: nec regias nec municipales leges
absque Romanarum auxilio intelligere licet: Hæ
siquidem ipsa cujuslibet Juris principia continent,
& quicquid hac in re præ manibus habemus, aut
è Romana sanctione velut è purissimo & fœcun-
dissimo fonte haustum est: aut ab eâ singulari qua-
...dam utilitate, & ita postulante populorum genio,
...mutatum, quod proinde ad primævum illud
exemplar quoquo modo referendum est.
Jam vero quid à ratione magis alienum dici,
...excogitari potest, quam solum rationis lumen
...bono judice, omnis disciplinæ loco esse? fateor
...stum animi judicium discutiendis, ex-
...dis ve cujuslibet negotiis plurimum conferre:
Primum & præcipuum est omnium artium funda-
...tum: ubi illud deest, litteræ plus officiunt ple-
...que quam prosint: Læva siquidem ingenia
omnia in pejus detorquent, nimias scientias ferre
non possunt, sed earum veluti pondere opprimun-
tur: sed nego solam rationem naturalem jurgiis &
litibus, quas vel ipsa rei natura, vel partium astu-
tia, nequitiaque intricatissimas reddunt extricandis
...re:

Nec natura potest justo secernere iniquum

Inquit Lyricus; & certè felix ista naturæ vis atque
bonitas, non est in omnibus eadem: alii aliis plus

sapiunt, & in quolibet argumento in diversas partes feruntur. Unde quæso tanta hæc, tamque naturalis hominum ad dissentiendum facilitas, nisi quia in veritatis indagatione, aut omnes, aut plerique cœcutiunt? in hac ergo rerum caligine, in qua bonum & æquum vix sese offert etiam inquirenti, regulâ opus est, quæ mentis aciem dirigat, nec à legitimo tramite deflectere patiatur :

Errores exuit omnes
Sola docens rectum sapientia

Ista porro regula unde felicius repeti poterit, quam ex libris nostris, qui uberrimam, & confertissimam civilis sapientiæ penum exhibent, & in quos feliciffima quæque principis gentium populi ingenia, omni eruditionis genere, & longo maximarum rerum usu informata, atque subacta, quicquid ad vitam ex æquitatis, & justitiæ normâ instituendam humana sagacitas excogitare potuit, arte prorsus mirabili congefferunt. Hos, inquam, libros, hæc tu monumenta contemnas, abjiciasque tanquam inutilia, quæ tantâ ubique veneratione excepta sunt, ut pleræque Europæ gentes eorum auctoritati ultro se submiserint, & ex quibus tibi ipsi, juxta Principum nostrorum Edicta, examen aliquando subeundum effe nec ignorare, nec diffimulare potes: quod procul dubio examen aut ex Romanis legibus non institueretur, aut omitteretur omnino, si vel Gallici Juris notitia, vel naturalis ratio dirimendis hominum controverfiis sufficeret.

Magiftratibus ergo neceffaria est Juris Romani

cognitio, AUDITORIS, necessaria quoque Patronorum; quorum scilicet imperitia non minori existere esse potest : cum enim judicibus revera praeeant, & fingi, formarique sententia soleat ex iis quæ illi suggessere; causarum fata non minus ex iis quam ex judicibus ipsis pendere quis est qui non sentiat?

Elegantissime non ita pridem dicebat LAMONIO Senatus Parisiensis, nuper Illustrissimus Princeps, Patronos muneris sui naturam & dignitatem non satis perspectam, exploratamque habere : nec eos causidicos tantum (ut vulgo existimant) sed revera judices esse : tum quia, ut modo dixi, secundum allegata ab ipsis probataque pronunciare judex debet, tum quia de ipsius causæ merito prima advocatorum cognitio est : siquidem in ipso aditu, suscipiendarum, aut abjiciendarum litium arbitri, atque auctores esse solent : nulla fere iis inconsultis introducitur, & ex eorum responsis litigaturi judiciorum aleæ, aut subducunt se, aut subjiciunt. Quantum igitur civilis prudentiæ instar in illis esse debet, & quam miserum infortunii genus est incidere in imperitos? qui nihil habent unde tam splendido ordini inseri mereantur, præter matriculæ testimonium, & qui pro eâ, qua premuntur Juris penuriâ, nec causarum eventus prospicere norunt, nec idoneam ipsis parare defensionem : adeo ut rudes rerum forensium homines temerariis litibus frequenter immergant, & rebus dubiis raro præsidium, sed sæpe perniciem afferant.

Verum quid tantopere stomachamur? cur tot querelæ? tot vociferationes? cum Patronorum inscitia vix aliis, quàm ipsis noxia esse possit? eorum enim dumtaxat opem, & patrocinium imploramus, qui pari doctrinæ, & eloquentiæ splendore syderum instar in foro micant: cæteri qui eruditionem suam titulo tenus, non etiam reipsa probaverunt, à litigantibus destituti frigent ad columniam, nec clientes fallere possunt, quippe quos nullos habent: iis ergo liceat esse indoctis. Sed non ita se res habet, AUDITORES, nec tam feliciter cum rebus nostris agitur, ut quoties advocati opera indigemus, continuo idoneus occurrat; sæpissime locus & tempus non patiuntur longius deliberandi consilium, nec quem sors nobis obtulit explorare semper liberum est. Quin hac in re à Pragmaticis quotidie deludimur: cum enim prima litis institutio, imo persecutio ipsa eis committitur; plerumque usu venit, præsertimque in subitis, ut iidem advocatos nobis eligant. Tunc verò quos nobis obtrudunt, an putas aptissimos? imo si quos fortè sibi mancipatos habent; homines nullius nominis, recens militiæ adscriptos, qui, ut vitæ subsidia quærant, suas ipsis locant operas, eorum commenta adoptant, suaque manu, ac subscriptione munita in vulgus exire sinunt, & clientes, quos fama nominis consiliare sibi, ac parare nequeunt, hoc indignissimo pretio, cum summo honestissimi ordinis dedecore mercantur: Et (ut de illis Tullius olim dixit qui actus gerendi gratia venundari se patiebantur) cupiditate peculii nullam conditionem recusant durissimæ servitutis. Tales inquam sæpe nanciscimur rerum nostrarum vindices atque asserteros, & sentimus tandem eos non suo tantum, sed nostro quoque periculo desipere. Hoc adeo intellexit Gratianus Imperator, ut speciali constitutione vetuerit ne hi, quos in foro aut meritum aut venustas nobilissimos fecit, in una parte consisterent, aliam rudes, atque tyrones sustinerent: sed sicut in singularibus certaminibus solis lumen dimicantibus ex æquo dividi solebat, ita nobilium advocatorum patrocinium litigantibus æqua divisione procederet: tantum patroni genius momentum partibus addit.

Quod si tantoperè vituperandus est in iis qui Togatam militiam affectant, legum civilium consumptus, quam excusationis causam prætextent? quove colore se tuebuntur, qui cœlesti nomen dant, qui in hereditatem domini transcribi gestiunt, & beneficia dignitatesve Ecclesiæ ambiunt ejus disciplinæ penitus expertes? in quibus Sacrorum Canonum ignoratio eo gravioribus mali causam præbet, quo ministerio addicti sunt longe nobiliori, nec fortunarum, dignitatumve terrenarum, aut vitæ mortalis ac perituræ, sed animorum ipsarum, ac salutis æternæ cura eis commissa est. *Si in Laïcis,* inquit Leo Summus Pontifex, *vix tolerabilis videtur inscitia; quanto magis in iis qui præsunt, nec excusatione digna est, nec venia.*

Inter cætera sua ornamenta gestabat Aaron in pectore Rationale judicii, in quo Deus has duas voces poni jusserat, doctrina & veritas: quo quidam mysterio quid aliud indicatum voluit, nisi quod Sacerdos pectus suum implere debet verita-

te & doctrinâ, ut & ipſe intelligat, & quod intelligit, alios doceat. Hinc Beatus Hieronymus, aut
ut aliis placet, Origenes ſcribit duo eſſe Pontificis opera, aut ut à Deo diſcat legendo ſcripturas,
& ſæpius meditando, aut ut populum doceat. Munus, inquam, cujuſlibet Paſtoris, & Prælati in eo
verſari conſtat, ut gregem ſibi commiſſum ſolli-
citè paſcat, ut in morum, & fidei ſanctitate cuſto-
diat, & à luporum rapacium dentibus incolumem
Deo quandoque repoſcenti exhibeat. Hoc autem
ut præſtet, nonne oportet eum prædicationi verbi
totum inſiſtere? divina exponere mandata? declara-
re myſteria fidei? hæreſes refellere? nova ſuſpecta-
que dogmata, ſi quæ aut adverſus mores, aut adverſus fidem diſſeminari ſentiat, indeſinenter profligare? quæ quidem à nemine impleri rectè poſſunt, niſi qui, & divinæ legis arcana, & regulas
Eccleſiaſticas tantum non in numerato habeat.

Nec dicas hæc omnia utriuſque teſtamenti pa-
ginis ita perfectè contineri, ut Juris Canonici notitia ſuperflua ſit: nam præterquam quod Scripturarum interpretatio ex Conciliorum definitionibus,
Summorum Pontificum decretis, & ſententiis Sanctorum Patrum, quæ Jus Canonicum conſtituunt,
omnino repetenda eſt: non omnia, quæ fideles
ſcire oportet, ſacris Codicibus ita enucleatè Deus
complexus eſt, quin plurima Eccleſiæ ſuæ & ordinanda, & declaranda reliquerit, quæ quidem
aut traditionibus, aut Sacris Canonibus continentur, quorum proinde cognitio omnibus*, quibus
Eccleſiæ regimen commiſſum eſt; ſive illi Sacerdotii

... plenitudinem acceperint, sive in partem tan-
... sollicitudinis vocati sint, omnino necessaria
... Nota vox Cælestini Papæ, *nulli sacerdotum fa-*
... canones ignorare licet, & Zozimus eum, qui Ecle-
siasticis Disciplinis per ordinem imbutus non est,
... temporum approbatione divinis stipendiis eru-
ditus, ad sacrum sacerdotium aspirare prohibet. Merito sane, nam, ut Propheta testis est, labia Sacerdotum custodiunt scientiam, & legem requirent de
... ore ejus; quod Ecclesia forum habeat, non
interius tantum seu conscientiæ, sed etiam exterius
disciplinæ; quomodo autem Juridictionem suam
exercebunt Prælati, quomodo ei parebunt inferiores, sine accurata Canonum cognitione?
Omnes igitur eos diligenter discant omnes, in-
quantum non sibi blandiantur, qui ea duntaxat beneficia ... in quibus animarum cura
... tum est, quasi à studendi necessitate im-
munes, quod scilicet docendi partes non susce-
perint. Audi ... illum Cælestinum Papam, qui ad Episcopos ... scribens districte prohibet ne quis
praeterea illiteratos ad Clericatûs Ordinem promovere, quia, inquit, *litteris carens sacris non potest*
fungi Officio. Hæc Summi Pontificis prohibitio
generalis est, nec ad eos restringitur, quibus animarum cura mandata est, sed omnes omnino Cle-
ricos comprehendit; audiant quoque Hieronymi
tuba, Si juxta Apostolum, Inquit S. ille Doctor,
Christus Dei virtus est, Deique sapientia : qui nes-
cit scripturas, nescit virtutem Dei, ejusque sapien-
tiam ignorat ; ignoratio Scripturarum ignoratio

N

Christi est. Hæc autem nonne in quibuscumque
Clericis summopere erubescenda est, cum ingens
pudor sit eum ignorare, cui speciali lege totum
te mancipaveris ?

Mens ergo regiæ Constitutionis fuit omnibus
hisce malis mederi, & prospicere ne præcox Candidatorum ambitio, qui plerumque docti prius
renuntiari, quam fieri properant, Politicum, Ec-
clesiasticumve Ordinem, cum summa totius
Reipublicæ detrimento in posterum conturbarent.
Quid autem, ut illa suum effectum habeat, sive
ab Antecessoribus, sive ab Auditoribus præstandum sit, superest declarandum. Quas quidem partes brevissime exequar : quid enim diutius iis immorer, cum vix quicquam addi possit iis, quæ lege
ipsa, ejusve interpretatione, quam Michael
Tellerius Galliarum Cancellarius non minus
sapientiâ, & omni virtutum genere, quam dignitate superillustris adjecit, expressa sunt: Adeo illa
nostrum vestrumque officium graphicè descripsit,
& suas cuique partes prudenter assignavit.

Ea, quæ Antecessoribus incumbunt, duplicis
sunt generis : Vel enim ad singulos pertinent, vel
respiciunt universos. Quæ ad singulos pertinent,
puta materiarum delectus, ac veluti pensa, quæ
Claudius Peleterius, Illustrissimus noster
honoris Decanus, aliique Togæ Proceres, Comites
Consistoriani Ludovicus Boucheratius,
Claudius Basinius, & Hieronymus
Bignonius in id à Rege Christianissimo specialiter delegati inter nos divisere, & maxime quæ

[…] Collegio male obligarim, lubens præ[…] quid […] immisceam rei alienæ, […]taxat, quæ vel omnium sunt communia, quorumque pars ego, licet minima sum, velutque […] attingere satius erit […] audi[…]brantibus pariter Antecessoribus deside[…], […] Jus Auditoribus suis interpretentur castè, […] legum […]que […] exponant, & […] communium generales leges; sed sin[…] sua responsa Prudentum, sive Prin[…] sunt, bona fide aperiant, & in […] cujusque loci mentem pe[…]que introspicere vobis liceat. Hac de […] singularem Tractatus, quos hactenus in Scho[…] explodi, so parum putem textum […] explicari placuit. Quamvis enim […] ratione artis ac methodi, quæ me[…] juvarent, laude sua digni sint, & […] quæ universo theatro ad alia […]tis intelligenda; aut nihil, aut parum conferunt. Præterea […] suas potius, quam Juris[…] cogitationes Adolescentibus non[…] ingerunt, quod nequaquam fuit in hac […] instauratione propositum. Utilius in[…] visum est singulas leges tractari, exemplo […] Interpretum (ut omnes norunt) facile […] ita tamen ut in Juris apicibus, & scru[…] qui plerumque cavillandi, & calumniandi occasionem prebent, & Studiosorum judicium cor[…]rumpunt sæpius, quam dirigunt, minus hæ[…]

reamus : sed præcipuam in iis locis collocemus operam, ex quibus magnas illas æquitatis regulas, & generalia Justitiæ præcepta, quæ mentibus nostris semper obverfari debent, eruere licet. Non improbantur quidem appofitæ, & ex ipfa rei visceribus petitæ dubitandi rationes, ex quibus fumma perfæpe lux legibus affulget : non etiam neceffariæ legum, quæ pugnare videntur, conciliationes, & præfertim quæ ex factorum circumstantiis, ex diverfis Juris-Confultorum Familiis, aut ex varetate temporum deducuntur : fed minutiæ, tricæ, feu nugæ illæ difficiles, quæ, ut quidam ait, doctrinæ oftentationem præ fe ferunt, funt tamen doctrinæ inanes prorfus ac vacuæ, & ad id folummodo profunt, ut omnia incerta reddant, penitus rejiciuntur.

Diligenter quoque munus nostrum obire debemus : non folum ut ex diebus utilibus nullum vacuum abire patiamur : verum etiam ut quod à Scholis reliquum temporis fuperest, in adornandis prælectionibus confumamus ; nihil denique omittamus, quod hujus Academiæ fplendorem, & vestram utilitatem quaqua ratione promovere poffit.

Utrùmque proculdubio abunde præstabunt clariffimi Collegæ mei : eos ego, quam minimo licebit intervallo fequi conabor. Certe neque operæ, neque labori parcam, ut partes mihi commiffæ rite & ex voto procedant. Inftitutiones Juftiniani, necnon Digeftorum, &, quantum fieri poterit, Codicis Rubricæ interpretandæ mihi obtigerunt. Hæc omnia per annos quinque fupra vi-

que ulla intermissione tractavi. Non con-
tamen eot annorum studiis : sed & tractata
lo revolvam, & si quæ adhuc me latebunt
noterunt autem latere plurima) ea ex novâ &
duâ meditatione; necnon ex præstan-
tissimarum quorumque Interpretum Commenta-
riis comparare curabo; nec aliter, si Deus dederit vos, dimittam, quam ad altiora & difficiliora,
quæ manerie, paratos, atque succinctos.
Verum quia ut ab initio audivistis, AUDITORES,
essorum laboribus Auditorum labores ac-
ret oportet, nec minus ex vestrâ, quam ex
operâ effectum suum regia Constitutio ex-
quæ sine hac in re partes vestræ, quodque
dum tanto operi conferre debeatis, breviter
neri vos oportet. Id autem ex iis quæ jam dicta
facile est: quo enim modo Jus vo-
interpretari debemus, eodem & vos debetis
cere : caste nimirum, & diligenter. Caste, in-
quindeque fugienda vobis imprimis quorumdam opinio, qui tum demum uberes studiorum suorum fructus se percepisse existimant, si in-
gentem adversus singulos Paragraphos argumen-
torum congeriem acceperint, qua quidem rerum
confusione nulla major esse potest : quid enim
magis intempestivum, quam de re nondum notâ
disputare? haurienda sunt cujusque artis principia,
& memoriæ radicitus infigenda, priusquam de ea
disputationem ullam instituas: aliàs nihil nisi dubi-
tare disces, & in ipso studiorum limine id vitii con-
trahes, quod in toto decursu vix forte curaveris.

N iij

Occurrunt fane in ipfo contextu nodi quidam, quos diffolvi omnino neceffe eft ; ad quid enim Interpres , nifi ut planam & facilem viam Studiofis fternat ? in ipfomet Inftitutionum libello quædam funt admodum abftrufa ; quædam, quæ fibi adverfari videntur ; eorum expofitionem minime vitupero ; fed novos Juftinianeos affectatis & inutilibus argutiis onerare , & quicquid non ex gloffa modo, aut Jani à Cofta, Cujacii-ve notis ; fed etiam ex Giphanii, Borcholten , Treuthleri , Bachovii , Bronchoft , aliorumve difputationibus tranfcripferis in os eorum ingerere, id vero mihi maxime culpandum videtur ; omnia fuo loco tractanda funt : erit tempus quo feria illa, gravia, & ex ipfis Digeftorum , Codicifve arcana deprompta argumenta eis proponere utiliffimum erit, cum nempe firma Jurifprudentiæ fundamenta jecerint , & propugnandis palam thefibus erunt idonei.

Denique fic cenfeo. Novus Auditor inftitutionum textui omnino inhæreat, eumque, quantum licebit, memoriæ mandet: ea enim hoc libello continentur quæ in promptu femper habere vehementer expediat. Tum Magiftri notas, quibus ille fingula loca illuftraverit, pari cura addifcat. Adjungat, aut præmittat potius Theophili paraphrafim ; & quoniam Inftitutiones ex veterum Jurif-Confultorum monumentis, necnon ex quibufdam Principum refcriptis Tribonianus concinnavit, maximum operæ pretium erit fontes illos adire, & Digeftorum Codicifve leges, unde fingula defumpta funt ,

consulere; sic enim omnia vobis certa, & indu-
... sunt. Nemo vos in errorem inducet, nec
... via dimovebit. Imo alios, qui nimiam fi-
... Magistris habent, eosque cum nimia securi-
... audiunt, nonnunquam forte poteritis in rec-
... viam ab errore reducere.

Diligentiâ denique opus est, eaque non vulgari,
quam qui adhibere parati non sunt, sciant se oleum
... perdituros, eis ego facile auctor essem
... quodcumque vitae genus insistendi: etenim
... Curule non oscitantibus, sed vigilantibus scrip-
... est. Oportet, inquam, recitationibus publicis
... interesse, eas scriptis & auribus quotidie
... nullumque diem Academicum otio tran-
... nam ut olim in hoc eodem Suggestu di-
... memini, interpolata studia nunquam fe-
... habent; nec facile reparatur amissae
... jactura. Malo vos pauca, sed quotidie
... quam, ut de Porcio latrone Declamator
... jocosve resolvi, & postea quodam
velut oestro percitos jungere noctibus dies; mode-
... continuatus labor diuturniores fructus pa-
rit, quam insolitus & intermissus Quae paulatim
animis infiguntur, ea radices agunt, quae vero im-
... colliguntur, impetu quoque effluunt. Instar
aquae pluviae quae si leniter & continuo cadat, in hu-
... penetrat, eamque foecundam reddit: si vero
... torrentis praeceps ruat, dilabitur statim, &
... superficiem madefacit.

Sed & alia ratio est, cur plurimi vestra intersit à
Scholis temere non abesse: cura iis qui sedulo non

adfuerint studiorum suorum testimonia, sine quibus ad gradus Academicos pervenire non licet, à nobis extorquendi spes omnis præcisa, atque interclusa sit. Nec quisquam ita sibi indulgeat, ut speret, nos non adeo officii nostri memores, aut propositi tenaces fore, quin lapsu temporis aliquid de disciplinæ rigore remittamus; nemo, inquam hac vana spe seipsum lactet, sed sciant omnes nos jussis regiis, officioque nostro nihil unquam prævorsuros.

Verum liberalia, nobiliaque ingenia, cujusmodi vestra sunt, AUDITORES, non pœnarum metu, sed laudis potius, & præmiorum exhortatione moveri, atque incitari notum est: cogitate ergo quantum decus sequatur eos, qui civium sortes agitant, & populorum fata in sacro Themidis templo, cum summa integritatis & justitiæ opinione moderantur, ad quos miseri, tanquam ad paratum azylum confugiunt, quorum vel solo nomine terrentur nocentes; quos denique Deorum instar omnes suspiciunt, ac venerantur. Hæc proculdubio gloria nullo labore nimium emitur.

Scio equidem non omnes ad suprema tribunalia posse conscendere; plurimis in advocatorum ordine standum est: sed huic quoque suus splendor inest, & quidem non mediocris; multique claro genere nati, quibus facilis patebat ad magistratus via, in eo conquiescere dedignati non sunt. Quin nec ipsis judicibus dedecori Valentinianus esse duxit advocatorum partes aliquando sustinere : nec eorum honori quicquam detrahi existimavit, si quando necessitatem eligerent standi, & contemnerent

nerent jus fedendi. Ego certe in eâ femper fui fententiâ, AUDITORES, nihil conferri poffe cum tacitâ voluptate diferti caufarum Patroni, quem in foro tonantem circumfufus populus, imò Senatus ipfe tanto cum filentio, tantaque cum admiratione audit, ut omnes ex dicentis ore pendeant. Quis plaufus, Deus bone? quæ murmura? quæ gratulantium voces? omnes eum circumfiftunt, omnes laudibus certatim cumulant, omnes in felicitatis parte ducunt talem rerum fuarum habere defenforem. Hoc decus, mihi credite, hæc gloria, omnes vigilias veftras, omnes fudores væftros abunde repenfare valet.

Quod autem ad eos, qui Beneficia, & Dignitates Ecclefiafticas animo præcipiunt, fua illis præmia nimis nota funt, quam ut ea recenfere, & ob oculos ipforum ponere neceffe fit: caveant tantùm ne in eos cadat Scripturæ Sacræ exprobratio: *parvuli petierunt panem, & non erat, qui frangeret eis*, & ne pereuntium fanguinem de manu eorum Deus requirat.

Agite igitur omnes, & veræ gloriæ pariter litat: contendite ut Patria, ut Ecclefia operam veftram utilem fibi aliquando fentiat: & ut Juftiniani verbis fidem dicendi faciam, *fumma ope, & alacri ftudio has leges noftras accipite, ac vofmetipfos fic eruditos oftendite, ut fpes vos pulcherrima foveat toto legitimo opere perfecto, poffe etiam Rempublicam in partibus ejus vobis credendis gubernari.*

O

STEPHANI DE MELLES

ANTECESSORIS

ET DECANI IN ACTU

ORATIO PARÆNETICA

HABITA IN SCHOLARUM
instauratione die 14. Novembris anno 1679.

QUOD ineunte fœliciter anno Academico Regia LUDOVICI MAGNI in hac utriusque Juris per universam Galliam restauratione providentia Antecessorum cuique in gratiam dicendi argumentum præbuit, id uni è Collegis ut mandaretur potiùs, cum probata pridem in Eloquentiæ Scholis eximia ejus dicendi facultas, tum, quæ apud nos maximi semper ponderis fuit, antiquitatis ratio, suaserunt. Quam graviter ac sapienter senserint hac in parte Seniores nostri, ex habendâ brevi ab eo solemni Oratione nemo non intelliget, quæ pro ejusdem argumenti majestate gravis, accurata ubique & polita, distincta ac frequentata luminibus verborum atque sententiarum, cum actionis dignitate, veteranum artis dicendi Magistrum luculenter demonstrabit.

Non ergo MAXIME REGUM & GLORIOSISSIME

cujus, ditione utrâque (ut crebrò de Trajano
dicebat Plinius) maria, terræ, bella geruntur.
Non tot heroïcorum in bello facinorum, quibus ad
orbis stuporem & invidiam Alexandris ipsis palmam abstulisti, laudatione :; non tot Constitutionum, tum ad Orthodoxæ fidei deffensionem & pro-
pagationem, suam & priscis Canonibus, quorum
religiosa observatio disciplinæ Ecclesiasticæ nervus
est, vindicandam & asserendam auttoritatem ; tum
ad Gallicæ gentis, repressâ calumniantium temeri-
tate & audaciâ, quietem ac felicitatem, divinâ penè sapientiâ editarum, gratâ & jucundâ commemo-
ratione, de instauratâ eorumdem Canonum doctrinâ, de redditâ nobis & Academiæ Parisiensi
Juris Civilis professione, debitas hodie gratarerfe-
ram. Hæc pars si aliquando mea fuerit, obi susti-
nendæ imparem me longe tenuitatis meæ con-
scius satis ego sentio, facundum tamen & disser-
tum, minus licet in arte dicendi exercitatum, for-
sitan efficiat paterni, qui tuus semper fuit, Au-
GUSTISSIME PRINCEPS, in subditos affectûs
cogitatio, quos omni ratione optimos esse vis ac
beatissimos.

Tua etiam Legum Custos ac vindex acerrime,
Jurisprudentiæ tutelare numen, supra titulos posite
TELLERI : tua non modo de nostro in hac Jurisprudentiæ instauratione, sed de omni ordine, Ecclesiastico, Militari, Togato, de universâ, verbo dicam, Galliâ benemerita hic invitus silebo, quæ
optimi quique æternis optent monimentis consi-
gnari : quò discant ii quibus ventura Re-

[illegible] Imperii credant invidiatum in Prin-
[illegible] prosperis sive iniquis Diis, sive in
[illegible] negotiis belli, sive pacis, servare fi-
[illegible] suam suorumque in Principis gloriâ, in
[illegible] imperii ... populorum felicitate, fortu-
[illegible] felicitatem reponere: nemini nocere, prodes-
[illegible] est omnibus ... bonos, fovere, tueri:
[illegible] beneficia ... malitia aucupari artibus,
[illegible] officiis ... : &, quod
[illegible] fuerit, aequabilitate animi & mode-
[illegible] simul sibi subdere, & invidiam,
[illegible] *fortunae comes est assidua et altissima*   *vell. lib. 1.*
[illegible] malitia haec demum, quae divinuus quid
[illegible] ratione, sic omnium sibi obstringere
[illegible] ad dignitatum culmen justâ sanctissimâ
[illegible] existimatione, quae gloria tua maxima est &
[illegible] singularis. VIRI MAXIMI antevertenti-
[illegible] Principis populorum votis, tandem
[illegible] bantur.

[illegible] referam quoque Illustrissimi Ordinis To-
gati [illegible] BOUCHERATI, BASINI, PELETERI,
& BEGNONE, ad ineundas instaurandi juris rationes delegati, benevolentiae in ordinem Juridi-
[illegible] prudentiae & in tractandis majoris momenti
publicis rebus peritiae singularis argumenta, quae
vel si iniquo silentio quis tegere vellet, rectae tam
prudenter, tam constanter, tanta fide ac religio-
[illegible] & malis hominibus purgata vel difficillimis temporibus primariae Gallici imperii loquerentur pro-
vinciae: repressus ac domitus rixosorum hominum,
injurias quas illatas sibi falso saepius putant fuso in-

vicem sanguine ulciscentium, & cominus ipso contrario cadentium cæcus & immanis furor reprehensa Exactorum avaritia: procurata popularibus & asserta tranquillitas: Jus ita redditum, ut quod in Præside provinciæ maxime desiderat Galli stratus, vel ingenio aucta sit dignitatis authoritate æqua lance librata in perarduis & majoris momenti negotiis, in Augustissimis tribunalibus, in ipso Sacræ Majestatis Consistorio, Sacerdotii & Imperii, fisci & privatorum jura: muniti à potentiorum injuriis humiliores: instaurata Regni & orbis caput Lutetia, reformatis & extructis ad iustam symmetriam ædificiis adornata, portubus ad commeatûs & invehendarum mercium facilitatem & abundantiam aucta: Sequana lapideis frænatus aggeribus & proprios intra alveos coërcitus: Optimatum, imò etiam plebeiorum, quod è re publicâ est maxime, adversus incantatorum & veneficorum artes ac insidias positæ in tuto familiæ, hâc temporum pravitate quâ non in auro tantum ardens setinum aut gemmatis solum poculis, sed vel fictilibus propinata aconita, quibus innoxii quique, imo & optimi, vel à suis mactarentur: ipsa demum, vel si oculatissimi Regis non satis superque foret judicium, ipsa quæ non semper errat, hic certè elegit, fama celebrant.

Hoc itaque mihi unum relictum esse videatur, sed à quo cum antiquo Consule sine piaculo abstinere non possim, ut publicâ animi gaudio perfusi testificatione immemoris labem effugiam. De publicis scilicet beneficiis nisi palam læteris im-

...aris: ut hôc lætitiæ senfu affectus, vos
AUDITORES CHARISSIMI, quos nusquam
...laudandus Legalis disciplinæ amor tenet, imò
...ipsum etiam & clarissimos collegas quos in
...vocatione duces vobis esse voluit Augustissi-
...Princeps ad improbos, æmulatione pertinaci
...labores suscipiendos inflammem, quibus alacriter,
...exanclatis Regis maximi & opti-
...voluntati, providentiæ atque beni-
...respondeamus. Cum vero duo sint quibus
...tentanda ac suscipienda movea-
...ipsius præstantia & necessitas, proprii
...ratio cum gloria & honore conjuncta, id
...exequar CHARISSIMI AUDITORES
...vobis Jurisprudentiæ Civilis dignitate
...atque quæ ex ejus studio meritò
...ficant cum gloria & honore commodis
...ad indefessum laborem admoveam, initi
...Antecessorio munere Regis Imperio pa-
...& vestræ simul & publicæ expecta-
...non desim, consilii rationem proxima præle-
...aperiturus. Quod quidem dum pro officii
...aggredior, AUDITORES, non est quod
...a me contentionem sermonis seu elo-
...licet plurimum possit & majorem ha-
...vim ad gloriam: illius scilicet præcepta Rhe-
...sunt non Philosophorum, quibus Jurifcon-
...accenset Ulpianus, quorum sermo submis-
...medius, modicus, temperatus, licet aliquan-
...subtilis & acutus, ut scitè tradit Tullius, ultra vo-
...felices fuerimus si comitate & affabilitate ser-

monis, si oratione benignâ allicere, si sermone tenui & mediocri, non tamen absque nervis & viribus, animos vestros delinire possimus.

Cum disciplinarum aliquæ ad animi oblectationem solum comparatæ sint; aliæ etiam ad bonum, seu privatum cujusque, seu commune & civitatis referantur; has, reclamante licet tumultuosè Philosophantium turbâ, prioribus sapientiores semper anteposuerunt. Quamquam enim *natura nos ad utrumque genuit & contemplationi rerum & actioni* te loquitur Illustris Stoicus ipsa nihilominus, rerum quo hominem beatum efficere possunt contemplatio sine actione parvi facienda sapienti, imò perfectum scilicet ac languidum bonum est, sine actu projecta virtus ut habet ifdem Seneca.

Eas porro disciplinas quæ bonum commune spectant ut iis excellere constat, quibus privatis tantum rebus consulitur, ita etiam & aliis aliis præstare, quod ex finis præstantiâ, præceptorum utilitate majori, Authorum etiam dignitate & commendatione æstimatur. Hoc sapientes agnovere Romani, qui licet erga hominis animum iniquiores, & sensuum oblectationi indulgentes nimis Scriptaram chartæ cedere voluerint; & væneuntibus Eunuchis maximum fecerint pretium, secundas tamen in valore & pretio partes Medicis & Obstetricibus detulerunt, non alia ratione quam quod incolumi tuendo profligatis morbis humano generi Consuleret Medicus, propagando vero fœlici fœtus eductione obstetrix inserviret.

Hæc si sapientissimorum non Romanorum modo
do

[...]horumcumque mens fuisset, majoris uti-
[...] publicæ ratio, præceptorum gravitas, &
[...] (si fas ità loqui) generis veluti claritas ac splen-
[...]or disciplinæ & artibus pretium daret, quid amabo Jurisprudentiâ Civili seu Reipublicæ utilius, seu
præceptorum gravitate sanctius seu Authorum nobi-
litate illustrius. Ars equidem Medica quam, si de
[...]antiâ [...]itate artium agitur, omnium instar
[...]colenda, quæ revera omnium Princeps: Ars
[...] divinæ humanæ sanitatis & vitæ præsidium,
[...] intemperiem dum corrigit, emendatos
[...] continet, diversas partes dum colli-
[...] dum relocat, dum luxatas proprium
[...] reponit, corporis verbo dicam dum cu-
[...] imminentem Parcam si non ex orbe fu-
[...] salutem & aliquandiu sistit, atque
[...] illud, quo civium continetur vita, præ-
[...] cujus ad Reipublicæ bonum impedit: ità
[...] saluti prospicitur. Hæc quidem
[...] Jurisprudentia nostra, hæc probat
[...] salvandæ quæ salaria, immunitates & ho-
[...] artis hujus præstantissimæ Professoribus de-
[...] decreta, tuetur ac deffendit: at majora &
ad publicum bonum spectantia magis tentat, aggreditur, perficit. Non curat Jurisprudentia corporis affectus sed animorum, quos ad Civilem so-
[...] componit, amicitiæ vel rei familiaris ne-
[...] junctos fortius conglutinat, constringit: labe
animorum infectos, seu noxias partes, præscindit,
amputat, ut vel hâc unâ ratione non minus arti
Medicæ tum dignitate tum necessitate antecellat

P

Jurisprudentia, quam animus corpori quod movet &
agitat, quam vigilans homo, in quo divinitatis nuf-
quam quiescentis imago cernitur præstat dormien-
ti, qui gelidæ mortis, triste & horridum in se si-
mulachrum exhibet.

Quorsum scilicet tot leges sapienter conditæ,
sive Jus Publicum spectes sive privatum, nisi ut
pietas vigeat, sanctitas & religio, quæ omnia castè
& purè supremo numini tribuantur : nisi ut inte-
gram, quam fallere nefas, homo homini, civis con-
civi, fidem servet, quam tolli sublatâ in Deum pietate, tolli simul humani generis societatem, necesse
se est cum justitiâ virtutum omnium excellentissi-
mâ, ut eximie ait Tullius ; nisi ut omnis à contentionibus, pactis & contractibus fraus & dolus ab-
let, unicuique quod suum est sibive debitum serve-
tur, tribuatur : ut recto judiciorum ordine quemadmodum insana habendi, ita & sentiendi libido
compescatur : ut severâ ultione criminum cauta sit
inter improbos innocentia, tranquilla civitate, seu

L. 1. D. de I. & jusfo virtutum præmio ad magna quæque seu in
& I. pace seu in bello facinora cordatiores quique ex-
citentur, stimulentur. Quam bellè igitur Ulpianus
jus artem boni & æqui definierit nemo jam non
intelligat, cujus Sacerdotes Jurisconsulti merito ap-
pellentur, ut qui justitiam colant & æquum ab
iniquo separantes, licitum discernentes ab illicito,
bonos non solum metu pœnarum, verum etiam
præmiorum exhortatione efficere cupientes, veram
non simulatam Philosophiam affectantes, boni &
æqui notitiam profiteantur.

... Regnum ... pro salute Patriæ fortiter quis dimica-
... bellicosum facinus justo præmio afficit Iu-
... prudentia, ut alteri quicquam non detrahatur. Et
... merentibus præmia tribui ... convenit, et alio-
... rum honores aliis damnorum occasionem fieri non con-
... scribunt Imperatores: hæc scilicet vera ju- *L. 4. Cod de Statuis & Imag.*
... suumque cuique ita tribuit, ut non distrahatur
... illius persona, justiore repetitione, inquit eximie *L. bona fides 31. D. depositi.*
Tribonianus ...
... Germaniensibus ac Palatinis numeris ad alios
... ambiunt milites. Huic militari morbo oc-
... Jurisprudentia. Contra publicam utilitatem,
... Imperatores, ... a numeris ad alios nu-
... milites nostros transferri, quia honoris augmen- *L. 24. Cod. de re Mil.*
... ambitione sed labore ad unumquemque conve-
... ad quorum sensum Justinianus semper
... unumquemque secundum labores suos ad *L. 4. Cod. de Præf. Præt. A. rica.*
... gradus et majores dignitates perducere.
... Religioni prospiciendum asserto & vindicato
... quem polluat ministrorum nec
... vita nec vitio carens electio &
... consideratio, impiger statim Juris Divini ac Hu-
... vindex idem Justinianus grassanti occur-
... Nemo gradum Sacerdotii pretii venalita-
... quantum quisque mereatur, non quan-
... dare sufficiat estimetur: castus & humilis no-
... temporibus eligatur Episcopus, ut quocumque loca *Novel. de Episc. & Cleric.*
... pervenerit, omnia vitæ propriæ integritate purificet.
... mittendus est in Provinciam Præses qui curet
ut pacata sit & quieta? Non gentis, non necessitu-
dinum vel amicorum habebitur ratio sed probatæ

fidei & integritatis : *Illi Magistratum gerant qui &*
bonâ existimatione noti sunt & in exercendâ justitiâ
multum reposuerunt sollicitudinis.

Novell. 16.

Ejusdem boni tum publici contemplatione tum
privati, ne cui inferatur injuria publicis interdici-
tur muneribus iis quos vel status vel imbellicitas
animi, vel delictum indignos facit. Hinc ab iis arcentur servi, mulieres, impuberes & infames: in
puniendis quoque criminibus ætatis habetur ratio,
sexus, rusticitatis, & conditionis. *Quanto ipsum al-*
tius in sublime evehimus, si probè se gerat, tanto rur-
sum gravioribus eum percellemus pænis, si quid contra
leges deliquerit , sancit iisdem Justinianus.

L. Unic.
Cod. de Con-
duc. & Pro-
cur.

Hæc ex innumeris aliis quæ pro instituti ratione
indicasse sufficiat, hæc sunt quæ Jurisprudentia Civilis tradit & exponit quibus quid sanctius , quid
divinius, quid publico bono accommodatius ?

Sed nec mirari subit tot præclara divinâ pene
hâcce disciplinâ comprehendi ? Non unius est alte-
riusve hominis opus : expressum ex omnium quotquot sapientiores in orbe fuerunt, mentibus veluti succum merito dixeris, quo imprimis juri dicundo destinati debeant innutriri. Habeant insignes
inter suos Authores Euclidem Matheses & Archime-
dem: Æsculapio natam jactet se Medicina quæ apud
Ægyptios excepta & Græcos, per Hippocratem ni-
tidior facta, explicata per Galenum, quàm varias in
partes scissam non secus ac vestem Philosophiæ apud
Boethium cujusque Sectæ Author suam sibi vindi-
cat: alia, alia longe sunt certiora & illustriora Jurisprudentiæ nostræ natalia: Minerva est ex veri non

si nata : Parentem habet summum
illum, qui super viros Principes, quibus
gubernacula commisit, super adjutores eorum viros meliori luto fictos, lumen vultus sui sibi, ut hoc divinum opus non uni vel alteri,
sed sapientissimis omnium Gentium Legislatoribus,
Gubernatoribus civitatum, mortalium doctissimis
tam tractandis tum privatis tum publicis rebus
versatissimum adscribi debeat. Quod suum in eo re-
perta dividicare possent, quos immortales prudentia fecit, Solon, Licurgus, Draco, Charondas, Za-
leucus: suum ipsi quorum proscriptum nomen Romani Reges, suum exactis Regibus totus Populus
Romanus, tum Senatus, Plebs, Magistratus, Pruden-
tes, Imperatores, etiam & Jurisperiti, sed qui Viros ipsos Deus immortalis, ipsorum Imperatorum
& Imperii administri, Justitiæ dispensato-
*res tamen & eis ingratissimi sumus, illi clarissimi sacra-
rum opinionum conditores, nobis nati, qui nobis vitam præparaverunt:* Senec. de bre-
vit. c. 14.

Verum, quid si non argumenti modo dignitate, sanctitate legum, Authorum commendatione,
sed & omnigenæ eruditionis & politioris Latinitatis illotebris, delicatissimum quemque, qui vel
primoribus labris degustaverit, in amorem sui rape-
re Jurisprudentia debeat? Atqui in corpore Juris locuples doctrinæ non Civilis modo sed & naturalis
penus reperitur, & quod Latinæ linguæ vis tota Epist. ad Mar-
quardum.
sitam legibus agnoscit Latinitatis purioris vindex
& instaurator Politianus.

Eritne ergo jam aliquis(Charissimi Legalis scien-

tiæ candidati) qui divinæ hujus diſciplinæ amore
non flagret, qui totum ejus ſtudio non ſe conſe-
cret? Si nondum ſatis probata vobis eſt & perſpecta
ejus neceſſitas ac præſtantia, ipſe Magnus Anteceſ-
ſor animos veſtros afficiat parentis ſenſu magis
quam Anteceſſoris: is eſt Magnus Interpres Juris
Cujacius, in quem non minus fauſtâ poſteris quam
retrò Philoſophantibus incognitâ μνημοσχθει, omnium Juriſconſultorum, Legiſlatorum, animi, mentes, ingenia certatim & ſimul confluxiſſe videantur: Eminentiſſimum inter Juris Interpretes, opti-
mum ſimul & ſapientiſſimum Patrem filio ſuo
munus, amoris ſui pignus, ſextum ad Africanum
tractatum donantem audite: FILI priuſquam me ex-
" reas volo relinquere tibi ex ſtudiis quæ ſequor ali-
" quid, ut tu ſi meus es eo permovearis ad eaſper.
" ſequenda & illuſtranda cum tua advenerit ætas ma-
" jore diligentiâ & ſubtilitate quam fecerim ipſe.
" Studia hæc ſunt Juris Civilis ſine quibus neque
" ſtare res, neque mores hominum conſtitui, com-
" poni aut temperari ullo modo poſſunt: ſine qui-
" bus prudentiſſimus cautiſſimuſque rerum homo,
" quiſquis ſit, quantumvis fœlici ſydere natus, nemo
" unus evaſerit umquam : ſine quibus æqui & boni
" quoque ſpeciem comprehenderit vix umquam quiſ-
" quam bene, nec ſi ſe dederit totum Philoſophiæ,
" nec ſi Litteris Sacris. Hæc filio Pater optimus, hæc
vobis Anteceſſorum maximus ſcribit. Ad vos igitur, CHARISSIMI NOMOPHYLI, non ſecus ac
Philoſophia alias ad Boethium, fœlicibus LUDOVICI
MAGNI auſpiciis venientem Juriſprudentiam am-

[...]cipatio , vel unum Pandectarum
[...] veneratione non prosequamini, quod
[...] eodem Angelo Politiano oculata teste)
[...] in ipsâ curiâ loco celeberrimo Monachi
[...] Magistratus tam acri & sollicitâ dili-
[...] servans , quod si forte proferri premens
[...] postularetis , accensus funalibus Mona-
[...] Magistratus capite aperto venera-
[...]batur
[...] Jurisprudentiæ Civilis pulchritu-
[...] & origo cœlestis satis absque certâ
[...] ipsa, quod de virtute dixit
[...] Plutarchum, per sese austera vobis est
[...] que ingeniosius poëta finxit menti
[...] operum tela, quorum
[...] facis illud amorem.
[...] cuspide fulget acutâ,
[...] & habet sub arundine plumbum.
[...] præmia, ad aurum
[...] honore manet : ad com-
[...] gloria venio.
[...] absque quæstu & compendio , quæ-
[...] honora reperiri posse nemo in dubium
[...] Humiliora & minus splendida , imo
[...] & sordida munera, plus lucri ferunt sæpius,
[...] ægro sterilia plerumque, quorum splendi-
[...]dem functiones ; sed quibus domesticum in
[...] vel nulla vel pusilla pecunia inferatur ; ut
[...] Civili idem fermè quod in naturâ contingat, nimirum nec viciniores Empyreo planetæ
fœlicius influunt ac uberiùs, nec plantæ aut arbo-

Eadem ep:st. ad Marquar-dum.

res quæ altiùs cacumen tollunt ferociores, at
multæ penitus steriles deprehenduntur. Fœlix Jurisperiti sors & conditio qui muneri suo sedulò in-
cumbens utrumque, quæstum & honorem meritò potest sibi polliceri. Non audiendi igitur qui
veteri disticho lippis noto ac tonsoribus dediti
hæc diversorum studiorum ac munerum & susce-
ptorum in uno quoque laborum præmia statuunt,
ut Jurisprudentiæ Sacra tractantes unus honores,
Medicum artis suæ peritum opes maneant & divitiæ;
Philosophantes vero non aliam ab infœlici egestate
mercedem sibi proponere debeant. Id si quorundam
rum (Saturno forsan regna tenente) nostris meher-
cule temporibus minimè verum, nisi hujus Peripa-
ticorum sectæ habeatur ratio, qui ipsâ ratione sequen-
tes & ingenio supra Empyreum quoquò verfum ob-
errante ignotas detegere plagas ac lustrare sibi visi,
orbem spernunt quem incolimus ad alium beatio-
rem delatos se rati, Magnatum contemnunt fores,
gentilitia potentiorum penetralia non subeunt,
non terunt limina; in id verò omnem ingenii aciem
intendunt, omni spirituum ex universo corpore, ac
si de totius incolumitate agatur, fraudatis suo genio partibus, advolitantium contentione laborant,
non ut hominum & diversarum familiarum, sed en-
tium rationis differentias, stirpes, cognationes, &
affinitates detegant: hi certè ut devoratis animum
Chimæris nutriunt, sic & squalentibus cancris
(quod vetus dicebat apud Stobæum) macellum &
algens corpus pascere meritò adiguntur.

Verum ut magis emunctænaris hâc ætate Phi-
losophi

sophiæ paupertatis hujus quæ ridiculos meritò fa-
cientium risui habent, à cujus probro diversâ
Philosophandi, agendi, sibi suisque prospi-
ciendi ratione Aristotelem ejusque sequaces vindi-
cant, ita & qui Jurisprudentiam excultam in Scholis, ut decet, non crudam propellunt in forum,
ab ejus studio splendidiorem fortunam & quidem certius quam à Galenicæ artis exercitio expe-
ctantium ipso laborum forensium exitu probant,
eo Asclepiadeâ gente feliciores, si felicitatem facit gloria, quod illi in luce versentur, & creditas
sibi cum vitâ quandoque, in cujus discrimen optimus quisque à pessimo adduci potest, fortunas
defendentes pro virili, non à summis Magistratibus
modo, sed quod aliàs Julio Cæsari contigit, quem
civili tempestate qui magis oderant, majori & habebant in pretio, vel ab invitis & Zoilis debitas
secundæ ac virtuti laudes extorqueant : Medicus
verò doctissimus aliàs, in arte suâ versatissimus, omni exceptione major, suo in curatione morborum
munere defungens, mutas inglorius agitare artes
teneatur, & ineptiuntium ac delirantium mulier-
cularum suffragiis decretorio sæpius judicio pro-
scribatur.

Neque vero temporum nostrorum fœlicitati bea-
tiorem hanc juri operam dantium sortem quisquam
tribuat, Auditores, quibus seu causas agentibus,
vel authoritate publicâ Legislatorum & Jurisconsultorum oracula exponentibus, benignum semper
sidus affulsit. Equidem aliarum scientiarum Professoribus, artis Medicæ, Grammatices, quâ om-

Q

l. 6 & 11. Cod. de Profeſſ. & Med.

L. 1. Cod. Theodoſ. de Medic. & Profeſſoribus.

Sublatis ſtudiorum pretiis Scholæ frigeſcent, imo ſtudia etiam peritura ut minus decora. J. à Chokier in apho. polit. ex Tacit. l. 2. annal.

Offerendum ab Auditoribus Juris in ipſo Scholarum ingreſſu honorarium pro ſtudii & diſciplinæ nulli conferendæ dignitate. l. 1. D. de extraord. cogn.

Anno 425. L. 3. Cod. Theodoſ. de ſtudiis libell. urb. Rom. Et Cod. Juſt. l. 11.

Epiſt. ad Senat.

nis politiorum Litterarum cognitio comprehendebatur mercedes amplas attributas ab Imperatoribus legimus, ubi altum de Juriſperitis ſilentium, quæ quidem & pro dignitate & præſtantiâ profeſſionis ampliores, unde Grammaticis duodecim pendebantur annonæ, Rhetoribus viginti quatuor; ampliores & pro dignitate loci, quare urbis Trevericæ Rhetoribus, quia prima inter Metropoles Imperii Galliarum, & Imperatoris ſedes erat, triginta annonæ decernuntur. Verum hæc neque Juriſprudentiæ dignitati, nec Profeſſorum ejus merito detrahunt quicquam : indicant fortè non ita antiquam publicam ejus profeſſionem, quam Medicorum Grammaticorum & Rhetorum. Certè publicam Juris Profeſſionem honorificis ſupra priores titulis, prærogativis, reſpondente præmio inſignitam habemus conſtitutione Theodoſii Junioris, ubi, *quoniam non his artibus tantum informanda adoleſcentia, profundioris quoque ſcientiæ atque doctrinæ memoratis Magiſtris ſociat Authores* Imperator, qui authoritate publicâ & æquis pro dignitate & gradu conditionibus doceant, *unum qui Philoſophiæ arcana rimetur, duos vero qui Juris ac legum formulas pandant* : demum unicuique propria loca vult deſtinari, ne vel diſcipuli vel magiſtri ſibi invicem obſtrepant. Tantum igitur abeſt ut Juriſprudentiæ Profeſſores parvi fecerint Imperatores Auguſti, quin potius & laudibus & præmiis ſupra alios affecerint. Revera devoluto ad Gothos Imperio Rex Athalaricus ubi Senatores generatim monuit ut annua Profeſſoribus ſalaria ſine diminutione, amo-

...minationibus nonnullorumq; integra pendi
...rent, quod & eorum interesset privatim & Reipublicæ iis providere *unde generi crescit ornatus* (verba sunt Athalarici) Juris expositores commendat
Commendatis Oratoribus *quorum pugna Civilis Juris*
classicum canat.

Si Foelix, summo in pretio habita ab Imperatoribus, magnis cum honore præmiis donata Jus authoritate publicâ exponentium conditio, non minus
cum lucro honoris tulit causas orantium functio.
Quod ipsi videtis (studiosi adolescentes) ut plures
Advocatis patribus, qui cum integritatis, doctrina & facundiæ laude suam Spartam adornarunt,
..., iis superstitibus, imo & vegetâ adhuc ætate,
ad togatas etiam dignitates evehantur, idipsum
non hujus sæculi modo nec Superioris fatum est:
..satis, tum Curiæ principis, tum nostris, in Gallicis
Auctoribus, suos vel inter Magistratus insignes avos
...osque plures legunt, qui Antecessorio aliqui
de forensi simul, aut forensi tantùm pulvere sordi-
di nomen gloriam & nusquam satis laudandis laboribus quæsitas fortunas ad posteros feliciter trans-
miserunt.

Magna equidem hæc videantur vobis, quæ lan-
guentes animos excitare possint, fama, existimatio,
partæ non absque laude opes, quibus ad togata
munera suos, qui Juridicis studiis ad utilitatem publicam se devoverint, promoveant: Hanccine putatis metam esse laborum, has columnas Jurisconsulti seu Herculis, ut majora sperare nec liceat nec
licuerit? erras, mi Nomophile, erras: majora de

Apud Cassiodor. *l. 9. var. ep.* 21. *ubi:* Cum manifestum sit præmium artes nutrire nefas judicavimus Doctoribus adolescentiū aliquid subtrahi qui sūt potius ad gloriosa studia per commodorum augmenta provocandi. *Et post ubi de juris expositore egit.*

Illis sine dilatione præbēda sunt scilicet salaria, perquos&honesti mores proveniunt & Palatio nostro fæcūda nutriuntur ingenia. Specimē est florentis reipubl. ut disciplinarum Professoribus pramia opulenta pēdantur. *Symmach. l. 1. ep.* 73.

Ut fruges nō tam soli ingenio quam cœli beneficio & temperiè latius proveniunt : ita quoque artes bonæ, eximiaq; ingenia Principū ac Magistratuum benignitate excitantur. *J. à Chokie. in aph. pelit. ex just. Ep. in cant. cant.*

Jurisconsulti, quem eruditio, quem vitæ innocentia, quem facundia & diuturnus rerum usus supra alios commendaverint, studiis & laboribus spera, florentior, longè florentior, apud Priscos Imperatores Jurisconsultorum fortuna fuit & gloria quæ in ipsos celebrantibus posteris authores redundavit : ut eo felicius fatum sub LUDOVICO MAGNO eos manere debeat qui sacra Themidis castè & religiose tractabunt, quò justitiæ & munificentiæ laude non minus, quam armorum victricium gloriâ, omnibus excellit Rex Maximus.

Alexander Imperator Lampridio referente, Ulpianum nostrum nedum pro Consiliario sed & pro tutore habuit, primùm repugnante matre, deinde gratias agente, quem sæpe à militum irâ objectu purpuræ deffendit : atque ideo summus Imperator fuit quod ejus Consiliis Rempublicam rexerit. Videtis, Auditores, videtis Jurisconsulto curam Principis committi ; videtis ejus Consiliis administratam fæliciter Rempublicam ; videtis Alexandri Severi alienigenæ, Syri, adolescentis nomen immortalitati consignatum : Sed ex tutore Principis modo annonæ præfectum, modo præfectum prætorio, id est primum in Imperio post Principem, videte Ulpianum, ex omnibus Jurisconsultis qui in corpus Juris relati sunt præceptorem vere vestrum non secus ac tutor fuit Severi : Audite Nomophili, audite quam honorificè de eo loquatur Imperator in rescriptis quæ ad nos pervenerunt : *Amicum* vocat, quo quid suavius, vocat & *parentem.* O dignum Principe sensum qui per sapientiam imperare Principes intelli-

L. 4. Cod. de Contrah. & Committ. Stipulat. L. 4. Cod. Locati.

... Augustino se vere genitum Imperatorem agnos-
... à quo sapientiæ documenta hausit: Im-
... rem tam fortunatum quam miser Galba fuit,
... ignorante politicorum Magistro dignus visus fuis-
... set imperare nisi imperasset. ...
... Sed unum forte Ulpianum magni fecere Principes, ... imò qui fælicissimè clavum Imperii tenuerunt;
Assessores falsat iuri loqui Jurisconsultos habuere.
Nam ut omittam eundem Alexandrum Severum,
qui ... Ulpianum in rebus gravissimi momenti consiliarios habuit Julium Paulum, Pomponium,
Alphenum, Africanum, Marcianum, Callistratum,
Venuleium ac plures alios: suum habuit Cæsar Au-
gustus Trebatium, Cassium Vespasianus, Trajanus
Neratium, Julianum Adrianus, Antoninus Scævo-
lam, ... illa Papinianum Septimius Severus. ...
... ne pluribus immorer, quid demonstratâ
vobis Jurisprudentiæ excellentiâ, propositis sive
... sive gloriæ ... vos afficiat ex ejus
studio ... quid ... superest, ... Audiendos
... nisi ... quo Justinianus Novellam ad Joannem
Prætorianorum Præfectum concludit, eodem ora-
... in hanc finiamus. *Nullus manebit non ...*
... legum, quæ neque in paupertate vivere, neque
mori in anxietate permittit.

Regnante LUDOVICO MAGNO magna spira-
re ... debeat, magna pro virili aggredi: *Tem-*
poribus Neronis inertia pro sapientia fuit: LUDOVICO
MAGNO imperante nemo sapiens, nisi quem de-
tet, labor cujus suavis maxime ac jucundius esse
... debeat, quo una ad veram gloriam via

Tacit. in Agricolâ.

Q iij

sternitur. Ita Maximus inter hujus orbis Deos LUDOVICUS omnia, si veteris adagii verba usurpare licet, laboribus vendit, qui donare cum possit, & imo & beneficâ maxime indole velit, malit nihilominus, naturam vincente prudentiâ ac sapientiâ, quò major inter subditos virtutis sit æmulatio, remunerare. Hæc fœlicia nostra sunt tempora in quibus nemo vel tenuis fortunæ ac sortis ad magnam virtutem vel invitus non eruditur!

Quam vobis, studiosi adolescentes, quam mihi, quam clarissimis collegis, quam omnibus, ne ut loquitur Stoicus *langueant per inertiam saginata & ipsa sui mole deficiant* legem dicit, hanc Maximus Princeps sibi, hanc Serenissimo DELPHINO dixit. Laboravit LUDOVICUS MAGNUS in bellis quæ decrevit ipse ac suscepit, ipse, Justiniano vel in hoc uno longe major, gessit fœliciter, ipse confecit: laboravit & gloriosius cum omnium Europæ Principum jura librans, non uno bello sed pluribus confectis, propriam potentiam toti orbi formidabilem ignorare voluit, ut datâ pace, singulari ergâ victos profligatos ac immerentes clementiâ, eidem Europæ consuleret languenti, fractæ, ac deficienti: laborat etiamnùm cum præter Arcana imperii quæ voluit animo, tenet, maioris ponderis negotia in Sacro Consistorio dirimit, ut meritò Solis emblemate notari maximum Principem intelligat quisque, qui irrequietum & beneficentissimum inter Sydera Solem esse cogitaverit.

Ergòne Augustissimus ac sapientissimus Princeps quem constans & assiduus labor adeò delectat,

SERENISSIMO DELPHINO indulgeat, quem
[non alias] modo, fed velut orbi, [nae]tus quan-
[do] regendo parem cum nascendi felicitate, vel
[m]elior indoles fecit? Non pepercit, AUDITORES,
non indulfit: quò magno Theodosio major
Ludovicus, quò ingenio & animi cæteris excellit SERENISSIMUS DELPHINUS majora ab
eo exegit, tam severus in unicum filium parens,
quam clemens, quam bonus erga subditos Princeps. Theodosii genio affinem etiam & verbis
SERENISSIMUM DELPHINUM alloquentem
LUDOVICUM MAGNUM audite.

[.....] Rhetorum solium fecunda dedisset,
[....] quæ utrisque procul venerandus Edis
[....] Arsacio consurgeret ore Thiaras,
[......] sublime genus, luxuque fluentem
[.....] possit se sola tueri
[....] Francorum longe Rectoribus aula*
[con]ditio, virtute decet non sanguine niti.

Ecce AUDITORES, cum Theodosio Rex maximus [te]neriorem sensum patris exuit, ut improbis
laboribus ac studiis hic evadat SERENISSI-
MUS DELPHINUS qui Paternæ virtutis hæres &
gloria omnium Europæ Principum fata aliquandò
componat. Exerceatur ergo in difficillimis quibuf-
que quæ decent Principem, quæ virum probant: veterum monimenta volvens ALE-
XANDRI Macedonis æmulus alta spiret, alta moliatur, tam castus quam magnus in bello
Imperator: at Alexandro majorem se præstet, quem
neque vini deliciæ frangant, nec initæ amicitiæ

Claud. in 4.
ad hon.

* Romanæ.

(fi tamen inire amicitiam cum fubdito poteft Princeps) probrofa oblivionis labes inficiat.
NERONEM habeat ob oculos, ut apud Lacede-
monas olim pueris & adolefcentibus fiftebantur
ebrii, ut fævientes horreat & ingratos: TRAJANI
optimi & fortiffimi Principis imago opponatur,
fic tamen ut Principis aliàs maximi exemplo difcat
victoriis modum ponere, nec nifi tutum extraneo
in folo pedem figere: diem fe cum TITO perdi-
diffe putet quâ nemini benefecerit: cum BASILIO
Imperatore ovem fe in Ecclefiâ non Paftorem effe
fciat, ita tamen ut meminerit (quod & agnofcit
Leo Magnus) *res humanas aliter tutas effe non poffe,
nifi quæ ad divinam Confeffionem pertinent & Regia
& Sacerdotalis deffendat authoritas.* His & fimilibus
ftudiis fingi mores, imbui ingenium SERENISSIMI
DELPHINI inftantibus lectis ex militari & Eccle-
fiaftico ordine Proceribus, hinc prudentiffimo &
excelfi animi Duce MONTAUSERIO, inde
doctiffimo & religiofiffimo Antiftite BOSSUETIO
jubet LUDOVICUS MAGNUS, quibus Imperio
dignum fe ipfe præftet quem florentiffimo Imperio natura genuit. Et jàm mirabitur quis Optimatum in fuorum educatione & inftitutione cu-
ras, quorum corpora & animos affiduis abfque in-
termiffione laboribus exercent, regnante Principe
cujus paternâ vigilantiâ ac follicitudine SERENIS-
SIMUS DELPHINUS vix ex ephebis excedens
improbis laboribus ad hunc doctrinæ & eruditionis gradum pervenit, ut vel in politioribus litteris verfatiffimi cujufque juftus ac idoneus Cenfor
effe

[...]it. Imò quò quis illustrich dignitatibus
[...] & muneribus, eo majori studio, fælici hâc
[...] constantibus & *catenatis* laboribus exercen-
[...] soboli incumbit: id si quis temere in dubium
[...] clar is Illustr. TELLERIUM temporis inter-
valla hoc otio dispunxisse ut, quod oculati testes
aliquando vidimus, liberorum, quos nu squam otia
[...] institutioni totum quod suum esse pote-
[...] proprio genio tribueret Pater op-
[...] Quam fæliciter sapientissimo & providen-
[...] Patri hæc cura & sollicitudo cessit, qui ma-
[...] natu ad ardua & maxima regni negotia fin-
gens fortunam, quæ

——— *Saevo laeta negotio,*
[...] insolentem ludere pertinax:
[...] incertos honores,

Fortunam fefellit & Parcam, factus in illustrissimo Marchione filio Minister Regni immortalis:
[...]que ne quid post tot labores ad gloriosæ sene-
ctutis solatium, imò gaudium, desiderari posset, hunc
maximum paternæ sollicitudinis fructum percipere
oportuit ut alterum filium, non merito minùs quàm
nascendi fælicitate conspicuum, probatæ virtutis ac
sublimioris doctrinæ justâ opinione Rhemorum
Metropoli regendæ, Archipræsul Dux simul &
Primus Franciæ Par, à Principum oculatissimo præfectum videret: ILLUSTRISSIMUM COLBERTUM cujus
virtutem, merita & labores dicendo quis assequi
possit, non absimili agendi ratione, tum proprio
exemplo, tum etiam præsentiâ (quod ad æternum

Horat

R

Sorbonæ & noſtræ Facultatis decus nuper vidimus,
cum ſeveris & diuturnis diſputationibus proba-
ri Illuſtriſſimi filii , ille in Theologica Facultate, hic in noſtrâ , Laureâ Doctorali donati ſunt,
vel majori negotiorum mole preſſum liberorum
Regni, Eccleſiæ & Themidis bonum informantur
ſuſpiciat : & ut intra Facultatis pomæria manea-
mus Illuſtriſſimum Peletekium Decanum honoris, virum (quod de Æmilio Paulo dixit Velleius)
in tantum laudandum in quantum intelligi virtus poteſt,
ponat ab oculos , cujus domus Athenæum in quo
bene morata proles aſſiduis ſtudiis , laboribus , ac
paternis exemplis ad maxima quæque fingitur &
inſtituitur. Tot præſentibus tamque illuſtribus
exemplis edocti ac ſtimulati , adoleſcentes ſtudioſi
———— *Componite mentes*

Senec.
l. de provi.1.

Ad magnum virtutis opus , duroſque labores,

Pugnate pro compendio , fortiter pro gloriâ pugnate : immortales gratias habete Ludovico
Magno, qui nuperâ conſtitutione ſuâ veſtrum
ſe patrem probavit , dum ſeverum ſe oſtendit Principem : Nempe vernarum licentia delectantur Domini, *Patres vero vel diebus feriatis non patiuntur filios
otiari, quorum vel ex oculis lachrymas excutiunt.* Audi
chariſſima Nomophilorum cohors, audi Ludovicum, Jovem Gallicum proſperum ſtudioſis & la-
borantibus, ſegnibus infenſum & minantem.

Nemorum
Ovid.1. Me-
tam.

*Præſide tuta Deo , Themidis * ſecreta ſubibis*
Nec de plebe Deo , ſed qui cæleſtia magna
Sceptra manu teneo , ſed qui vaga fulmina mitto.

IOANNIS CUGNET

ANTECESSORIS

GRATULATIO

Pro restitutâ Juris Canonici disciplinâ

LUDOVICO MAGNO

DICTA

In ipsa Scholarum inauguratione, die 14. Nov. an. 1679.

IN hac tam celebri Juris utriusque instauratione, quæ hoc anno post hostes
fortiter ubique devictos, propagatos
latè Imperii Gallici fines, Pacemque
feliciter Europæ datam, divinâ prope LUDOVICI
providentiâ facta est, hæ mihi partes SA-
PIENTISSIMI PRINCIPIS jussu impositæ sunt,
Decretalium Libros ut perpetuâ interpretatione
illustrem, revocatis ad argumenta singula quæ-
cunque ex aliis Juris collectionibus pertinere ad
ea possunt, CONSULTISSIMI ANTECESSORES,
AUDITORES SPECTATISSIMI. Opus sanè
substantiâ & dignitate summum, utilitate & necessitate majus, sed exequendi difficultate immensum,
ac præsertim quod studium hoc ad hos nostros
Gallicanæ Ecclesiæ usus, ad has, quas vulgò Libertates vocant, referri totum AUGUSTISSIMUS

PRINCEPS voluit, facrofque veterum Canonum aperiri fontes, unde illæ, velut primæ Chriftianorum fanctitatis rivuli quidam, ad nos ufque continuâ Majorum traditione deductæ funt.

In quo, etfi intelligo fatis quam impar fit oneri tanto hæc mea ingenii mediocritas, quam arduum & difficile contrà, in argumento lubrico fine reprehenfione verfari, hoc præfertim Scholæ more, quo res arte & principiis tractandæ funt, non merâ factorum fæpe contrariorum relatione, non eft tamen defperatione fractus animus, fed magis fpe erigitur cogitanti, nullum hucufque INVICTISSIMI PRINCIPIS juffum bello vel Pace, fucceffu caruiffe optato.

Sed hanc plurimum fiduciam auget frequens hic Studioforum Juris utriufque adolefcentium concurfus, quos ut vultu alacres intueor, ita & ftudiis animifque in id auguror effe intentos, ut eorum operâ PRINCEPS OPTIMUS, non minùs RELIGIOSISSIMUS JURIS affertor dici apud Pofteros poffit, quam per Milites Ducefque fuos factus eft hactenus TRIUMPHATOR ubique MAGNIFICUS.

Felices certè nos, quibus in re tanti momenti ipfa obfequii gloria relicta eft: Felices honorum Candidati fub eo Principe fub quo nemini, quæ fui officii funt, ignorare licet: fed utrique profectò ingrati, fi non ultrò tantum erga nos tam boni Principis beneficium agnofcamus: Inglorii, fi quam nobis palmam ac laudem propofuit, non reportemus; indigni his aufpiciis, hocque imperio fi non omni animorum contentione exequamur,

[...] ipso [...] sancta, [...] ad bonum
[...] imperata sunt [...]
[...] sit nunc ut quid simile de quoquam vestrum
[...]gitem, STUDIOSI IURIS ADOLESCENTES:
[...] magis in vestris omnium oculis id unum de-
sideraturum à vobis video, ut pro innumeris ejus erga
nos beneficiis, justas tanto Principi Panegyricus
[...] ut quo [...] fatear quod res est, indulge-
[...] que quoque [...] nimo vehementer, scriptura nunc
per omnes virtutum gradus ad summum gloriæ fa-
stigium pergentem dicendo licerét sequi, suspicere
[...] Militiæ utriusque Armatæ & Togatæ non
[...] exemplo quàm imperio INSTAURATOREM,
[...] Artium omnium quæ vel ad utilitates & commoda vitæ, vel ad memoriam præterminatis,
[...] sui sæculi conscrip-
[...] PROPAGATOREM & VINDICEM:
[...] quàm excellenter partes βασιλίας omnes
implentem, [...] repurgatâ primùm sanctissimis Dion. Chry-
sost.
[...] partes in-
[...] historiæ & admirabili fortitudine, ac sul-
[...] pace, [...] denique constitutis hoc po-
stremo Edicto Juris utriusque peritissimis Magi-
[...] non potuerit discere potius [...]
Sed Iularis id Rhetoribus reservatum, mihi
[...] relictum est, restitutam Canonici Juris disciplinam, RELIGIOSISSIMO PRINCIPI, ut
gratuler, ostendam quantum hac parte sanctissima
ejus Constitutio Ecclesiæ & Regno profutura sit;
quàm erat illa necessaria MAGISTRATIBUS &
[...] quàm CLERO & SACERDOTIBUS;

ut omnes intelligant, si, reddito huic Scholæ Jure
Civili, subditorum fortunis & vitæ, si saluti corporali prospectum est, restituto etiam Juris Canonici studio, æternæ omnium saluti, veræque animorum paci ac tranquillitati consultum.

Noveras scilicet, PERSPICACISSIME PRINCEPS,
Regnum omne Religione firmari; si Ecclesia in
Imperio est, non minus Imperium in Ecclesia esse,
parum tutam in Principem fidem, quæ vere in
Deum pietate non nitatur, tranquillitatem proinde publicam stabiliri vix certo posse, nisi se invicem Magistratus & Sacerdotes continere in officio
possint; hi quidem divini numinis, illi Majestatis
tuæ reverentia. Utrisque ad id Sacrorum Canonum
scientiam necessariam esse judicasti: quid hac tua
in Deum pietate, amore in subditos, quid assidua
in publicam felicitatem vigilantia dignius?

Variæ hucusque non inter improbos tantùm, sed
etiam inter probos & eruditos, imo inter Ordines universos de plerisque Disciplinæ Ecclesiasticæ capitalis animorum dissensiones extiterant; pro tua singulari sapientia jacentes fere ubique Canonici Juris Scholas excitari voluisti, in quibus idem omnes hac de re in posterum discere possint, sentire,
tueri: quid post assertam apud Exteros Gallici Nominis famam, post partam foris contra hostiles incursus Imperio securitatem, ad eamdem Domi asserendam necessarium magis?

Atque ut de Magistratibus 1°. dicam, novum est,
fateor, & si in aliquibus Curiis usu receptum nondum tamen ab ullo ante Majestatem tuam Principe

[...] ut Honorum Candidatis studii Cano-
nici [...]essitas incumberet, sed ideo non necessarium
[...] Quàm multa, INVICTISSIME PRINCEPS,
[...]iisti, non nobis tantùm, sed omnibus antea
[...]ia inaudita, forte etiam, ut apud posteros
habitura fidem, an ideo utilia & gloriosa minus, à
du[...]s contra hyemis rigorem & frigus miles, Te
D[...] etiam in[...] ipsam vi cœpit. Habes Provinciam [...] antequam hybernis hostis moverat;
n[...] hoc tamen una Majestatis tuæ Providentia
c[...] hostium omnes, omnes totius Europæ con-
[...]tus & consilia confudit, elusit, vicitque.

Nihil igitur hâc prima occultatione novitatis,
qu[...] etiam post promulgatam Constitutionem,
non defuere, qui Magistratui Gallicano inutilem
[...], illiberalem, noxiam Canonici Juris, ma-
[...] Decretalium Scientiam arbitrati sunt,
[...] faciendum est satis, ac licet respondere
[...] possem ad compendationem hujus Disciplinæ, judicium Justissimi Principis, ejus præsertim qui cum per se rebus prope Regni omnibus
[...], nihil nisi apprimè necessarium instituere
[...]. Liquidè tamen & facilè demonstrari posse
[...]mo, longè plus utilitatis & adjumenti ad res
nostras agendas judicandasque ex studio Juris Canonici, quàm ex studio Juris Civilis, posse com-
par[...]

Novum non est hoc genus maledictionis in Jus
Canonicum: jam olim etiam florentissimis Juris
Civilis temporibus à viris omni exceptione majo-
ribus & propositum & dilutum est. *Plerifque per*-

Præf. in Lib. de Sac. Eccl. Min.

suasum est, inquit Duarenus, nec vulgo tantum & imperitæ multitudini, sed his etiam qui cæteris acutiores videri volunt, Jus Pontificium nihil aliud esse, quam inconditam quandam Decretorum & Constitutionum farraginem, à semi-doctis Pontificibus ad quæstum magis, quam ad Reipublicæ Christianæ commodum redactarum, cujus nec liberalis cognitio sit, nec admodum necessaria videatur. Alii tametsi multa præclara & utilia hoc Jure contineri non inficientur, tamen quia partim ea in desuetudinem abiisse vident, partim diplomatibus Pontificum venialibus fere subverti solere, inanem prorsus laborem in eo collocari aiunt, nec ullam in eo genere reconditiorem Doctrinam requiri, sed eam sufficere quæ in foro usitata sit, & ex vulgaribus commentarijs facile hauriatur.

Sed hi quàm longè aberrent à vero, quàm male de se, de Literis, de Personâ & dignitate Magistratûs Gallicani, de rebus ipsis sentiant, & præstantissimus idem Duarenus ostendit, & ipsi quoque Magistratus propè omnes, experientiâ quotidianâ agnoscunt.

Nam quod primo loco dicitur parum liberalem Juris istius cognitionem videri, certè ejusmodi est, ut nullam reprehensionem mereatur, adeo absurdum & ab omni rationis umbrâ alienum est.

Sane apud plerasque Gentes, Reges iidem qui Lib. 5. Hist. Pontifices, ut, quod de Judæis dicit Tacitus, *honor Sacerdotij, firmamentum potentiæ esset.* Romæ, ubi Sacerdotium separatum ab Imperio erat, solis Patritiis Sacrorum procuratio mandari poterat, & prima pars Juris Publici in sacris & Sacerdotibus versa-

versabatur. Apud nos nihil Principibus antiquius fuisse legitur, quam cura & custodia Canonum & Disciplinæ Ecclesiasticæ, scientibus scilicet *magis Religionibus*, ut Imperatores loquuntur, *quàm officiis & labore corporis, vel sudore Rempublicam contineri:* & erit aliquis posthac qui scientiam hanc dedignetur, sub eo præsertim Rege, qui vim omnem Principatûs & Imperii in pietate & cura sacrorum posuit semper, qui etiam in ipso armorum tumultu nihil aggressus est unquam, nisi cœptis à cælesti numine auspiciis, nihil non perfecit feliciter, (& quid hac arte non perfecit feliciter?) quod non statim ejus benignitati referret acceptum?

Sed fallor: sacrorum Canonum scientiam Adversarii non improbant; stylum fastidiunt, artemque quod hanc sermonis elegantiam, hanc verborum proprietatem & delectum, Jus Canonicum non præferat, quam Jus Civile; quod nullis, ut aiunt, principiis, nullâ præceptorum consequentiâ nectatur.

Justa quidem reprehensio, si vera: sed magnopere vereor, ne non multùm in eo se Jure versatos probent, qui hæc objiciunt; quin magis dicere ego ausim, si res cum re, ætas cum ætate conferatur, ut Jus Canonicum longe Civili æquitate & morum sanctitate antistat, ita nec illi gravitate, ornatuque orationis cedere.

Postrema Juris Civilis volumina non moror, ne Adversarii quidem novellas, & posteriores Codicis leges cum Epistolis Summorum Pontificum decretalibus hac parte contulerint. Sed ut Digesta ipsa inspiciamus, eximia, est fateor, quorumdam ex Jurisconsul-

L. 16 c. Th. de Ep. Eccl. & Cl.

S

tis oratio, quorum ex centonibus ea compofita funt; verum præterquam quod dura quoque & ob-fcura quorumdam aliorum eft, AFRICANI, IULIANI, Scævolæ: fi illi ipfi ULPIANI, PAPINIANI, PAULI cum AMBROSIIS, AUGUSTINIS, HIERO-NYMIS ET LEONIBUS conferantur, quorum ex fententiis verè aureis Decretum ferè omne conſi-ſtit, nefcio prorfus an fanctiffimi illi Patres tam fa-cile Jurifconfultis iftis præmium laureamque la-tinitatis concedant.

Jam quod ad artem & principia pertinet, mi-rum eft audiri eos tamdiu potuiffe, qui Juri ifti certam ineffe principiorum rationem negant: fuæ funt illi pro temporum locorumque varietate vi-ciffitudines & exceptiones: frequentes etiam ipfo ufu, quas difpenfationes vocant, fed fi has mentis humanæ conditio, fi novæ quotidie caufæ emergen-tes, fi ufus ipfe in unaquaque Juris fpecie induxit femper: cur, quæfo, hoc nomine folum hodie Jus Canonicum damnabitur? cur non potius, quod Princeps Illuftriffimus præfcripfit, rei cujufque ori-ginem progreffum & ufum, variafque Juris iftius immutationes diligenter addifcimus?

Memineras nempe, PIISSIME PRINCEPS, pertinere id ad Majeftatem tuam, quod olim LU-DOVICUS PIUS afferebat legum fe Ecclefiaftica-rum, fi non Autorem & Conditorem, CUSTO-DEM faltem effe, & Epifcoporum non minus, quàm Comitum ADMONITOREM. Tutelam hanc à te geri non poffe nifi per Magiftratus, qui vice tuâ fingulorum officiis profpiciunt.

c. 2. c. 3.

Magni nomen bello jam & pace adeptus, huic implendo, id quoque necessarium esse arbitratus es, ut exemplo Constantini *Communem te omnium Episcopum gereres, Episcopum extra Ecclesiam* : Magistratus ideo tuos sacrorum Canonum peritos esse voluisti, ut tanquam veri extra Ecclesiam Sacerdotes, Dei ubique cultum curare ipsi tuâ authoritate scirent, promovere, tueri: quid ad conscientiam Majestatis tuæ pertinere poterat magis? sed quid ad eorum dignitatem sublimius? quid propius ad officium ? Eufeb. l. 1. de vit. Conft. c. 37. & l. 4. c. 24.

Scilicet *Res humanæ aliter tutæ esse non possunt, nisi quæ ad divinam Confessionem pertinent, & Regia & Sacerdotalis defendat authoritas ; & Principes sæculi intra Ecclesiam potestatis adeptæ culmina tenent, ut per eandem potestatem Ecclesiasticam Disciplinam muniat.* Ecquis verò hoc nostro tempore arctiori ad id vinculo teneatur, quàm is, cui tantùm supra cæteros gloriæ, tantum potentiæ Deus concessit ? C. Ref. 23. q. 5. C. Principes, ead.

Scribebat olim ad Childebertum S. Gregorius. *Quantò cæteros homines Regia Dignitas antecedit, tantò cæterarum Gentium Regna, Regni vestri culmen excellit* : idipsum nunc ut Exteri quoque, etiam Principes vel inviti fateantur, admirabili virtute, providentiâ, fortitudine effecisti, Regum Maxime, hoc tibi procurandum supererat, ut pietate etiam & Religione, sacrorumque scientiâ & curâ cæteras quoque Nationes vinceremus: Id postremâ Constitutione effectum est. l. 5. ep. 6.

Perspicacissimo hucusque delectu & judicio tuo factum fuerat, ut per Præcipuos Magistratus majora Ecclesiæ negotia felicissimè componeren-

S ij

tur dum nullos præfici ſummis dignitatibus vo-
lueras, niſi qui vel longo jam rerum uſu, vel aſſi-
duâ privatâque Juris Canonici lectione & meditatione, quæcumque ad Clericorum officia
& mores, ad eorum jura & immunitates, ad ritus
& cæremonias ſacrorum pertinent, didiciſſent:
horum exemplo voluiſti, ut etiam in Provinciis
Minores Judices eadem eruditione & ſapientiâ in
privatis Eccleſiæ rebus uterentur. Quantum, quæ-
ſo, hoc tuum in omnes beneficium eſt?

Hæc nempe Majorum olim noſtrorum pietas
fuit, AUDITORES ut qui hoc jure reguntur Sacerdotes, Epiſcopi, Clerici, primum jam ex tribus Regni Ordinibus conſtituant, eumque non Religionis tantùm favore, non tantùm dignitate & authoritate, ſed Perſonarum etiam numero, fortunâ
& divitiis penè præcipuum: inde innumeris ut maximi ſæpe momenti, ita ſemper difficillimis con-
troverſiis, & ſacrum ipſum Conſiſtorium Principis, & Senatus Curiæque Centum-virales, & infe-
riora quoque Tribunalia quotidie perſtrepunt: vix
eſt ut ſine exquiſita Canonum ſcientiâ, juſté & ex
veteris Diſciplinæ ſanctitate dirimantur.

Hinc eſt quod unanimi Epiſcoporum & Comitum conſenſu conſtitutum in Concilio Meldenſi
legimus, *ut Canonum Statuta cuſtodiantur ab omnibus, & nemo in actionibus vel Judiciis Eccleſiaſticis
ſuo ſenſu, ſed eorum authoritate ducatur.* Quia ſi in
rebus Civilibus *bonus Judex ex arbitrio ſuo nihil facit, & domeſticæ propoſito voluntatis, ſed juxta leges &
jura pronunciat,* quantò minùs in rebus divinis, ubi

C. 1. de Con-
ſtit.

C. Judicet 3.
q. 7.

tam districtè prohibetur ne *prudentiæ suæ quis inni-* C. ʃ. de Conſtit.
tatur, & periculoſiſſimum eſt *transgredi terminos*
antiquos, quos poſuerunt Patres noſtri. Prov. 12.
Re verâ ſi ſingulos Magiſtratuum, qui apud
nos ſunt, gradus percurrere libet, quomodo, quæ-
ſo, Majores illi Supremique, qui omnes Regias Dignitates emeriti in ſacrum Conſiſtorium ad-
lecti ſunt, qui donati quadam quaſi dignitate Pa-
triciatûs, & Principis ipſius, & Patriæ Patres lon-
ga meritorum ſerie dici meruerunt? Quomodo, inquam, partes illi egregiè ſuas, officiumque implere
poterunt ſine accuratâ cognitione Juris Canonici?
Eorum eſt ſcilicet Jus maximè publicum tueri,
Ordinis cujuſque ſervare jura, Sacerdotii & Imperii regere fines, poteſtatem & Juriſdictionem metiri,
cavere ne quid novi in Religione ſubrepat, proſpi-
cere, ut intra Henoticorum terminos, qui apud
nos neceſſitate rerum urgente tolerati ſunt errores
conſiſtant : hæc verò quomodo præſtent, niſi
probè veterem & recentiorem Eccleſiæ Diſciplinam calleant?

Nullius hîc onerare modeſtiam, velim, AUDITO-
RES, ſed quanto & illuſtribus exemplis vis ſæpè Major eſt ad perſuadendum, & hæc quoque adhibere
mihi liceat. Poſſetne, qui ſummam nunc Judiciorum
poſt Principem tenet SUPER ILLUSTRIS TELLERIUS,
Cuſtos Legum, dignum Os Tanti Principis, & Juris
ſub ipſo Conditor, tam benè hodie de Eccleſiâ, &
Religione mereri, ut facit, niſi pridem capaciſſi-
ma mens rerum omnium publica ut privata, vetera
ut recentia, divina ut humana jura firmiſſimè teneret?

S iij

Regni dudum florentissimi Administer innumera, prope cum Clero in Provinciis, innumera
in Urbe gessit, ubique summâ cum laude ad obsequium & gloriam Principis semper, sed servatâ
etiam dignitate Religionis & Sacerdotii: ad hæc
solane ista, quæ singularis ejus virtus est, comitas,
affabilitafque fermonis, folufne profuit innatus
quasi, bene omnibus faciendi amor? num & fumma ingenii dexteritas, cum plenâ Regularum Ec-
clesiasticarum cognitione conjuncta?

Quæ ad Civilem Sapientiam pertinent, attingere hic meum non est, absolutam belli pacifve
scientiam, eorumque omnium quæcumque ad pro-
curandam Imperii felicitatem desiderari possunt:
egregiam regnandi artem, popularium amore potius quàm vi potentiæ, authoritate & reverentiâ
virtutis, quàm gratiâ Principis, sine umbra, sine
invidia, omnibus ultro concedentibus, quod de
Mallio Claudianus canit.

> *nil jam Theodore relictum,*
> *Quo virtus animo crescat, aut splendor honore,*
> *Culmen utrumque tenet.*

Sed in his & aliquam forte sibi partem Scientia
Canonum vendicat: Sapientissimis hujus Consiliis
Rex Optimus Leprosariarum & quorumdam aliorum hospitaliorum bona, quæ passim vel à privatis
usurpata, vel à Civitatibus & Collegiis in profanos plerumque, semper in alienos usus disperde-
bantur, horum curationi addici voluit, qui ex bello
Invalidi sibi superesse non possent: nonne hæc
sacrorum Canonum notitia suggessit? Ecquis dicere

potest? Cur *Pauper vivit? cur captivi redempti sunt?
cur Templum Dei ædificatum est* ? quis justiori titulo
... quàm qui pro egregiâ Patriæ defensione
... eam corporis posuit, quâ vitæ necessaria
quærere potuisset?

Iisdem Consiliis Ecclesia debet, quod Hæreti-
corum Opes & Potentia sensim ubique atteruntur,
impeditur propagatio erroris, errantes modis omnibus ad veritatis agnitionem invitantur, ut si fieri
possit, unâ omnes nobiscum fide idem Deo,
idem Principi obsequium præstent : *non coac-
tione, sed liberi arbitrii facultate* : quid sacris Canonibus congruum magis?

Hæc tamen quantumcumque egregia, rema-
nerent saluti publicæ inutilia prorsus, nisi pari prope sapientiâ essent per quos *effectus rei accipitur* :
*Quorsum est enim jura in Civitate constitui, nisi sint
qui ea regere possint*, & ad usum societatis humanæ
accommodare? huic igitur Adjutores atque Administros esse necesse est BUCHERATIOS, BA-
SINIOS, PELLETERIOS, BIGNONIOS, seu
purgare Imperium veneficis velit, seu prospicere
pulchritudini Urbis, viarumque & commeatûs
facilitati, seu alia procurare quæcumque ad Populorum utilitates & commoda, ad pacem & tranquillitatem necessaria sunt : sed maximè si Juris
utriusque studio ponere leges : & magna non modo Civibus cæteris, sed etiam Magistratibus, probitatis & eruditionis specimina exhibere.

Nam si quod ex Lege 12. Tab. præcipit Tullius, præcipuum Magistratûs officium est *cæte-*

ris specimen ut sit, Quos, quæso, viros illos esse oportet, quâ gravitate, moderatione, & integritate, quâ Religione & scientiâ, qui judicio PRINCIPIS & ILLUSTRISSIMI CANCELLARII delectu, cæteris præcepto & exemplo formandis delegati sunt?

Jam vero in Senatu, Curiisque Centum-viralibus nonne & publica quoque Religionis, vererumque Ecclesiæ nostræ consuetudinum cura est? Ibi maximè prisca illa Regni Instituta vigent quibus tanquam Palladio Imperii & Reipublicæ Salus continetur: Cavetur ibi præsertim remedio Appellationum, quas ab abusu vocant, ne quid Judices Ecclesiastici adversus veteres Canones judicando delinquant, ne sibi adrogent, quod Regiæ Jurisdictionis est: hæc verò quis non fateatur sine peritiâ Juris Canonici, ne intelligi quidem posse?

Sed ut Jus publicum mittamus, nonne etiam in dirimendis Privatorum controversiis necessaria Juris Canonici scientia est? Ex tribus præsertim Judicium omne consistit, Causâ, de quâ agitur, Judiciorum ordine formáque, & Æquitate, ad quam Judex sententiam animi sui dirigere debet, at certè neutrum ex his est, ex quo summa Canonici Juris, maxime verò Decretalium necessitas Magistratui non inferatur.

Causarum genera si spectes: inter Laïcos, quæcomque ad statum & qualitatem Personarum pertinent, Jure Canonico non Civili reguntur, pendentque omnia vel ex Nuptiis & Sacramento Matrimonii, vel ex voto & professione vitæ Regularis.

Inter

[illegible] clericus [illegible] propemodum lites
[illegible] quo [illegible] tur aut
[illegible] alibi calumniæ instruatur ma-
[illegible] ego, quid faciat Judex sine cognitio-
[illegible] judicabit [illegible] ad aleam & libitum
[illegible] judicio, cum dedecore &
[illegible] consulat hac in re Peritiores? sed
[illegible] ne hanc reprehensionem referat
[illegible] olim Servium Sulpicium
[illegible] *Turpe est* [illegible] *Patricio & Nobili, & causas* L. 2. de orig. Jur. paragr. 43.
[illegible] (dicam ego magis sedenti ad judicandum)
[illegible] versetur ignorare [illegible]
[illegible] Judiciorum formam quod attinet, optan-
[illegible] verè [illegible] ut sola in Judiciis, fides
[illegible] Judicis informaret, sed quando ea
[illegible] hominum improbitas, ut ibi maximè fraus
[illegible] dolusque malus jam etiam laudi &
[illegible] depuretur, ut nihil non mo-
[illegible] vel litis iniquæ protrahendæ causâ, vel
[illegible] implicandi, & veritatis dissimulandæ, etiam
[illegible] quorum operâ & ministerio, ut ne id fie-
[illegible], litigantes uti placuit, quando ne Rex qui-
[illegible] INVICTISSIMUS, corruptelam hanc ta-
[illegible] fori, quamquam promulgatis in id Sa-
[illegible] Edictis abolere omnino potuit, quid
[illegible] nisi ut pro sua Religione Judex formam
[illegible] probe discat quò minùs improbo-
[illegible] captionibus & calumniis obnoxius sit? Hanc
verò quæ apud nos in usu est, frustrà alibi quæ-
ris, quàm in secundo Decretalium Libro.

Jam de æquitate vix dicere opus est, quando inter

T

omnes conſtat in plerifque Cauſarum articulis rigorem & aſperitatem, ne dicam iniquitatem Juris Civilis, ſanctitate & juſtitiâ Juris Canonici comperari.

Non vacat hic diligentius, eos inquirere, ſed quis ferat conceſſas cum Patruelibus & Conſobrinis nuptias? quis concubinatum pro licitâ conſuetudine habitum, etiam cum Privignâ (ſi magno Anteceſſori credimus) ut non jam conjunctio hæc vinculo pudoris & honeſtatis, ſed ſolâ voluptate & libidine, immò inceſtu æſtimaretur? quis frequentiam divortiorum? quis in Contractibus uſuras? in modis acquirendi præſcriptionem cum malâ fide ſaltem ſuperveniente? quis alimenta Spuriis denegata, conceſſa Nothis? quis expoſitos partus portentoſos, & alia id genus ſexcenta, quæ Juris Canonici honeſtas emendavit?

Taceo vanitatem formularum, quam etiam tam ſapienter Majores noſtri olim rejecerunt: Receptum moribus noſtris eſt, ut ex pacto nudo daretur actio; ex æquitate Juris Canonici eſt: receptum in teſtamentis ut coram Parocho & duobus teſtibus facta valerent; ex æquitate Juris Canonici eſt: Receptum denique, ne plura dicam, etiam in hac Galliæ parte quæ Jure Civili regitur, ut filius fideicommiſſo oneratus duplicem quartam retinere poſſet, legitimam ſcilicet & Trebellianicam; ex æquitate Juris Canonici eſt: ut neceſſe omninò ſit hærere Magiſtratum in plerifque, niſi & Jus Canonicum ſimul cum Civili didicerit.

Abſtulit hanc à vobis labem LUDOVICUS MAGNUS, STUDIOSI JURIS AUDITORES, dum

[...] Conſtitutione feliciter vobis Juris u-
[utri]que addiſcendi neceſſitatem impoſuit : nullus
[...] Magiſtratus erit, qui omnibus Reipublicæ ad-
[mini]ſtrandis partibus non ſufficiat, æquè ad omnia
[pa]ratus negotia, profana & ſacra, nec minus di-
[vi]ni quàm humani juris ſciens, quod tantopere in
[...]dabant Romani [...]
[...] Jurifprudentiæ Gallicana erit, No-
[...] rerum divinarum & humanarum, jam Juris
[illi]us periti, non *juſtitiæ* tantum *Sacerdotes* dici
[...] ſed ſacrorum cognitione veris Dei Sacer-
[...]bus ſuppares. Verum Sacerdotes quoque Juris
Canonici notitiâ pares eſſe Magiſtratibus neceſ-
[...] nec ſecundo loco ad alteram Edicti par-
[...] mihi ſupereſt [...]
[...] Diſciplinæ Juris Canonici nocuit ma-
[...]lum quòd repertis ſæculo. 11. Juris Civilis à
[...]ne compeſti libris, Sacrorum Canonum
[...] interpretes paſſim diſceptationis
[...] ordinem & ambages affectarunt, relictâ
veterum Judiciorum Eccleſiaſticorum ſimplicitate.
[...] ſcilicet emergere ſtatim Theologiæ Scho-
[...] coepit, & quia à litibus ac contro-
[ver]ſiis alienum, priſcam Eccleſiæ ſanctitatem reti-
nuiſſe videbatur, ſummo Populorum applauſu rece-
[pt]um eſt, ſenſimque ab expoſitione fidei, & *Sacra*,
[...] dicebatur *Pagina*, ad mores & Diſciplinam
[produ]ctam proprios vetereſque ſtudii Canonici
[fin]es invaſit: ferentibus id Decretorum Profeſſo-
[ri]bus initio quidem non ægrè, quod unâ Decretalium ex legibus Romanis interpretatione om-

T ij

nia tunc Ecclesiæ negotia , imò sæpe etiam sæcula-
ria definirentur.

Sed cum Potestas Judiciorum quodam quasi post-
liminii Jure ad ipsos Magistratus rediisset, remansit
penè solitaria Schola Juris Canonici, Magistratibus hinc solum studium Juris Civilis amplecten-
bus, eo que magis disciplinam hanc spernentibus,
quod hujus ope Jura pridem sua usurpata memi-
nissent: Sacerdotibus verò satis sibi esse ad regimen animarum existimantibus, si pauca de fide ex
Sacræ Theologiæ studio, pauca de moribus ex ratione & quibusdam *Casuistarum*, ut vocant, stri-
mulis delibassent.

Non tulit id superiori sæculo Virorum quorumdam Pietas & Eruditio : viderunt Sacerdotes ple-
rosque , etsi multam in sacro Theologiæ studio
operam posuissent, in rebus tamen ipsis, negotiísque
Ecclesiasticis cæcutire, ac si quid agendum judi-
candumque occurreret, velut in alium orbem delatos vix quidquam eorum nosse quæ in usu &
moribus Ecclesiæ Gallicanæ obtinent; operæ pretium ideo esse existimarunt , disciplinam hanc re-
dintegrari, ut quod jam olim aiebat Agobardus,
*Ecclesiastica Statuta per Apostolica facta firmarentur ;
novaque per vetera.*

C. nulli.Dist.
38. c. 1.
ead.

Sciebant nempe *nulli Sacerdotum licere Canones
ignorare*, ignorantiam *eorum quæ agenda sint, matrem
esse cunctorum errorum , vitandam proinde Sacerdotibus
qui docendi officium in populos susceperunt & cunctos
ædificare debent tam fidei scientia quam operum disciplinâ.*

[illegible] in re [illegible] aes [illegible] coeperunt. Cla-
[illegible] utriusque Togae lumina AUGUSTINI,
[illegible] secuti sunt hoc saeculo ex Ordine sacro
[illegible] MAR.. BOSQUETI, &
ex [illegible] nostris COSTANS ac FLOREN-
T[illegible] ut miram operosis suis lucubrationi-
bus [illegible] inceptiori, Ecclesiae nostrae Discipli-
[illegible] & ardentissimam Probis
Doctisque omnibus injecerunt utriusque addiscen-
da [illegible] desiderium [illegible]
[illegible] PRINGERI,
[illegible] id sine effectu divinus, quod antea privatim hominum studiis continebatur, publici Iuris esse voluit, aeque [illegible] in Scholis Canoni-
[illegible] in quibus hodierna Gallicana Ecclesiae
Disciplina [illegible] frustranea nempe doctrina
illa [illegible] quae ad praxim revocari non potest, &
[illegible] etiam Canones discere inutile, nisi ex
[illegible] Pragmaticam & Concordata, quod ad
[illegible] Ecclesiae Gallicanae pertinet, probe
[illegible] Id autem fieri quomodo potest, nisi omnia referantur ad Decretales, quando paucis exceptis in illa Gallicana Ecclesiae commune con-
stituunt [illegible]

Revera parum ad id in sacra Theologiae studio adjumenti & praesidii est: in eo id unum
fere largitur ut omnia Juri divino & sacrae Scrip-
turae tribuantur, seu directò & expressè, seu per
consequentias rationis, dubias saepe & ancipites,
pro innata mentis humanae imbecillitate: id verò
ut in Theologo summa laude & commendatio-

T iij

Cic. or. pro Murena.

ne dignum est, ad docendam tuendamque fidei
veritatem, ad pascendam e sacro suggestu plebem,
& hæreticos ab errore reducendos in via: ita Jurisconsulto periculi planissimum, ad explicandam
Ecclesiæ potestatem & Jurisdictionem, jura interpretanda, quæ sæpe præscriptione & consuetudine potius quam jure divino quæsita sunt.

Distinguuntur Jure Civili, quæ Magistratui
competunt jure Magistratus, ab his quæ postea
lege vel consuetudine specialiter eidem attributa
sunt: sed hic longè diligentius separanda in una
eademque Dignitate Ecclesiastica quæ à prima Dei
institutione originem habent, ab his quæ ab usu
aut jure Ecclesiastico inducta sunt, ut sicut prioribus resistere nefas est, ita posterioribus nemo
obtemperare teneatur, nisi quatenus in singulos
præscriptum & possessum est.

In sacro Theologiæ studio disputandi ratio
subtilior acriorque, tum quod ea veritatis specu-
lationi & expositioni convenit magis, tum quod
ad pugnam cum hæreticis ineundam ferè est necessaria: in Juris contrà, potissimum Canonici peri-
to, ad res agendas judicandasque benignior semper
interpretatio exigitur, ex ipsâ æquitate & utilitate
populi desumpta potius, quam ex accuratâ consequentiâ rationis.

Præclarè Gratianus noster expendens num
quandoque sententiæ sanctorum Patrum, Constitutionibus Pontificum præferendæ sint. *Divinarum,*
Dist. 10. inquit, *Tractatores scripturarum, etsi scientiâ Ponti-*
ficibus præmineant, in sacrarum quidem exposito-

[...] nos [...]
[...] est amplius fa-[...]
[...] fidei veritatem propugnare adver-[...]
[...] aliud [...], ut quotiesque [...]
[...] diligenter [...]quitur, quæ
res [...]se rebus accommodat, in hoc æquitatis
[...] & dispensatio quædam, quæ *Regulæ*
[...]que ad res ipsas, operisque
[...] inflecta patitur.

[...] in domo Dei necessariæ famulæ sunt,
[...] Maria quæ sedens secus pedes Domini,
[...] doctæ, nihil præter ip-[...]
[...] altera Martha, quæ sollicita circà frequens ministerium, ea etiam respicit quæ homi-
[...] exiguat, altera Rachel
[...] omnium in se oculos ver-
[...] quæ lippis licet oculis, egregiâ
[...]cunditate atque utilitate insignis est.

[...] contemplatio Mysteriorum Dei,
[...] Jurisdictionis cura demandata
est, in illa nulla libertas, captivandus omnino
in[...] est in obsequium fidei: in hac pleraque
[...] observantur, modo ne & fidei &
charitatis unitas dissolvatur.

Regula fidei una omnino est, immóbilis, irrefor- *L. de Vel. Virg.*
mabilis, inquit Tertullianus, cetera disciplinæ &
conversationis admittunt novitatem correctionis: dicere annos possumus, admittune Consuetudinis di-
versitatem.

Quod neque contrà fidem est, neque contrà bonos *C. 11. dist 12.*

mores, inquit S. Augustinus, indifferenter habendum est, & pro eorum inter quos vivitur, societate servandum. Illud te admonendum puto, inquit ad Lucinium S. Hieronymus, Traditiones Ecclesiasticas, præsertim quæ fidei non officiunt ita observandas ut à Majoribus traditæ sunt, nec aliorum consuetudinem aliorum contrario more subverti.

Hujusmodi sunt hæ nostræ libertates, Auditores, exterior Ecclesiæ disciplina & jurisdictionis vices varias pro rerum humanarum consuetudine passa est: rerum forte necessitate ita exigente, fere tota in solos Summos Pontifices translata est: recentioribus quibusdam illorum vel etiam Conciliorum Generalium Constitutionibus Gallicana Ecclesia consentire non potuit, quod receptis apud se Moribus contrariæ viderentur: id totum salva semper & fidei unitate & Sanctæ Sedis Apostolicæ reverentiâ, cui in cæteris disciplinæ Capitibus addictissimam se profitetur: hoc est cujus expositio tantoperè nobis ab OPTIMO ET RELIGIOSISSIMO PRINCIPE commendatur: quid poterat ad memoriam æternitatis facere gloriosius? quid utilius Ecclesiæ, Sacerdotibus, Episcopis Gallicanis? Sed quid ad stabiliendam in omnibus conscientiæ securitatem necessarium magis?

Neque verò metuendum hic est, ne quidquam ideò Summi Pontifices Dignitati & authoritati suæ detractum putent, quin magis Locorum passim & Ecclesiarum Consuetudines religiosè ut observentur, vel permittunt vel præcipiunt.

Permittit S. Gregorius Ecclesiis Africanis Pri-
mates

mates ut suo more Primæ Sedis Episcopos habeant, *Consuetudinem* , inquit , *quæ contrà fidem Catho-* *licam nihil usurpare dignoscitur immotam permane-* *re concedimus :* Sed etiam Augustino Anglorum E- piscopo præcipit , ut sivē in Romanâ , sive in qualibet aliâ Ecclesiâ aliquid invenisset , quod plus Omnipotenti Deo placeret, in Ecclesia Anglicanâ institueret.

C. 8. Dist. 12.

C. 10. ead.

Si vetera exempla quærimus , cessit precibus S. Irenæi Victor 1. in negotio Quartadecimanorum , & quamquam, retento suæ Ecclesiæ more, ut die Lunæ 14. Festum Paschatis celebraret , pacem tamen Ecclesiæ Policrati reddidit.

Sozom. l. 7. c. 19.

Sed omnium optimè Leo 9. ad Michaëlem Patriarcham Constantinopolitanum, qui Latinos Basilicis suis Constantinopoli expulerat , quod Græcorum more rem sacram facere recusarent : *Non habet Romana Ecclesia* , inquit , *animositatem impiæ Hæreseos, quæ semper divisione gaudet, dicens per parricidam meretricem, non tibi, nec mihi, sed dividatur; sed pietate verâ Matris ita Salomonem alloquitur ; obsecro, Domine , date huic infantem vivum, & nolite interficere eum ,scit namque quia nihil obsunt saluti Credentium diversæ pro loco & tempore Consuetudines, quando una fides per dilectionem operatur bona quæ potest.*

C. 3. Dist. 12.

Gallicanæ Ecclesiæ Consuetudines , quamquam à Romanis moribus alienas in ipso Matrimonii Sacramento benignè Alexander 3. patitur. *Licet, inquit, Ecclesia Romana legitimè conjunctos propter maleficia dividere non consueverit , tamen si Generalis*

c. 2. de frig. & malef. in part. Dec.

V

*Ecclesiæ Gallicanæ Consuetudo est ut Matrimonium dis-
solvatur, Nos patienter tolerabimus.*

De Canonibus Generalium Conciliorum in negotio Jurisdictionis & disciplinæ, idem planè dicendum, salvâ scilicet unitate fidei & Ecclesiæ
posse non recipi. *Et hanc quoque*, inquit Anastasius
Bibliothecarius de Synodo 6. *Canonica Capitula pro-
mulgasse Græcorum scripta testantur , quæ tamen penè
omnia quia Sedes Apostolica non approbavit , tota La-
tinitas reprobavit , nec tamen ullum Schisma eam ob
rem inter Ecclesias Orientales & Occidentales or-
tum est.*

Canonem 3. Synodi Constantinopolitanæ, & ultimum Synodi Calchedonensis quibus Patriarcha-
tus Constantinopolitanæ Sedis asseritur nec Romana Sedes probavit, nec Sedes Antiochena Decretum Synodi Ephesinæ pro Libertate Ecclesiarum
Cypriarum, nec Orientales aut Africani Canonem
quartum Concilii Sardicensis de Appellationibus
ad Sedem Apostolicam deferendis, & tamen non
est hanc ob rem scissa inter eos charitatis & Ecclesiæ unitas.

Sed quid plura hac in re quærimus, quando in
ipso quoque Concilio Florentino, cum de plenâ
Summi Pontificis in Ecclesiam Universam potestate actum est, consensit Eugenius 4. huic Græcorum
restrictioni, ut illa exerceretur *quem ad modum καθ' ὃν
ζόπον Sacris Conciliorum Canonibus definita fuerat.*

Quam verò est hæc nostra agendi ratio erga
Sedem Apostolicam observantior AUDITORES;
non omnia nos ad normam veterum Canonum exi-

gimus : quin potius dicere possumus Decretalium Libros pro *Jure Communi* à nobis receptos, quando omnes Summorum Pontificum Constitutiones religiosè observamus, paucis exceptis, quæ nimium à veteri Ecclesiæ disciplinâ recedentes, vel Episcoporum, vel Principis & Magistratuum, Dignitatem & jura imminuere videbantur.

Revera nihil aliud Majores nostri vel in Pragmaticâ S. Ludovici sanctione, vel in Constitutione Caroli 6. nomine *Juris communis* intellexerunt, quam quod Decreto & Decretalibus continebatur ; his solis tutam satis, tectamque à novis & recens tunc inductis Curiæ Romanæ usurpationibus Ecclesiam nostram præstare se posse arbitrati sunt, nec putarunt ideò statim omnia ad priscos Ecclesiæ mores revocanda.

Optandum id certè foret ut hæc veterum temporum sanctitas non in Pontificibus modo, sed etiam in omnibus Christianis excitaretur, quod & in Concilio Tridentino Illustrissimum Cardinalem a Lotharingia nomine Ecclesiæ Gallicanæ optasse ferunt ; sed, si verum amamus, fatebimur ultrò faciliùs id expeti posse quam sperari, tot nunc introductis Juribus, quorum ne ullum quidem apud veteres vestigium sit.

Mitto quod omne hodie Ecclesiæ Regimen immutatum est, quod omnis Provincialium Synodorum authoritas in unum Summum Pontificem translata, quod variæ inductæ Monachorum domuumque Religiosarum species, quibus passim indultæ ab Episcoporum jurisdictione immunitates, quandoquidem hæc maximè propter , tantoperè jus Decretalium exosum quidam habent.

Sed hæc ipsa nonne ab invitis Pontificibus una Ecclesiæ extorsit necessitas? Nonne Cleri sæcularis olim ignorantia & dedecus? Ista meminisse non juvat, sed nostri insuper mores ferre-ne hodie possent, ut reditus Ecclesiæ pro modo veteris disciplinæ dispensarentur? Possent-ne tot negotia , quæ hodie de Beneficiis emergunt, solâ veterum Canonum scientiâ dirimi? Et, ut uno verbo summam rerum complectar , pateretur-ne hæc Orbis Christiani in tot imperia divisio tam frequenter Concilia celebrari, quam necesse esset, nisi Reipublicæ Christianæ cura per unum gereretur?

Sed licet patiatur , ideone minus addiscendæ sunt tot præclaræ Pontificum Constitutiones, quibus Libri Decretalium constant? Certè longe alia mens Concilii Constantiensis Patribus: non veterum modo Conciliorum observationem à Summis Pontificibus postulant , sed Lateranensium etiam, Lugdunensis, Viennensis ; probè scilicet intelligentes, veram Ecclesiæ libertatem non minus novi quam-veteris juris recto usu contineri.

Seff. 39.

Multa ex his, fateor, abierunt in desuetudinem, multa juribus apud nos receptis emendata : *sed Legum,* ut ait Isidorus, *antiquarum , & si nullus usus est, notitia tamen omnius necessaria ,* quia lex posterior anterioris ferè derogatio est : & prætereà dicere audacter possumus, quidquid sanctitatis & justitiæ est in his postremis juribus, Pragmatica Sanctione, Concordatis , aliisque, id

C. 2. Dist. 7.

totum Constitutionibus Pontificum deberi ; ut hac duplici ratione nusquam illorum satis utilitas cognosci possit, nisi planè Decretalium Libri comperti sint.

Hæc tamen apprimè nosse nullorum magis quam Sacerdotum interest, AUDITORES, ut non jam in contemplatione solâ, non in exhortatione Plebis tantùm, sed etiam in ipsâ rerum administratione cum laude versari possint.

Ad Ecclesiæ tutelam & præsidium jamdiù id à Probis Doctisque exoptatum, ut rei cujusque originem, progressum & usum distinctâ diligenter temporum serie discant: hoc solâ Juris nostri scientia possunt assequi.

Apud Romanos hacpropter *nullus erat bonus* *Pontifex sine cognitione Juris Civilis*, dicere & nos possumus nullum bonum apud nos Sacerdotem esse posse sine cognitione Juris Canonici, quod cum Jure Civili conjunctum est. Ita fiet, ut omnis Sacerdos Magistratus officio fungi in Republica possit, & vicissim Magistratus officio Sacerdotis. *Tul. 2. de Leg.*

Hoc est quod à nobis hodie vobisque, STUDIOSI JURIS AUDITORES, prosumma sua Sapientia & Providentia RELIGIOSSIMUS PRINCEPS expectat: intellexit id pridem necessarium id omnino esse ad pacem inter suos æternùm stabiliendam, ad vestram omnium utilitatem, ad Reipublicæ nostræ Decus & ornamentum, ad firmamentum Religionis & Ecclesiæ: superest jam ut gratias ipsi immortales pro tanto Beneficio habeamus.

Summa laus Principis, promptum est & fidele

obſequium Subditi; Audiiſtis cum Orbe reliquo, Studiosi Juris Auditores quantâ fortitudine atque alacritate, quantâ laude & gloria, Duces Militesque noſtri Juſſa Fortissimi Princi-cipis etiam per ferrum & ignes, milleque periçu-li executi ſunt: Veſtrum eſt Illorum exemplo, nulli nunc labori parcere ut felicem optatumque exi-tum habere poſſint, quæ tam ſanctè & utiliter ad bonum commune *Princeps idem Sapientiſſimus* im-peravit.

Nobis nihil ſupereſt niſi ut quâ debemus grati-tudine & veneratione Tanto Principi im-mortalem gloriam, felicitatem, Triumphos adpre-cemur, atque ut Sexti Concilii Sanctiſſimi Patres Imperatori nostro centiès adclamemus, *multos annos* Ludovico Magno, qui diſcipli-nam Canonicam reſtituit. Multos Annos Novo Constantino, qui pacem inter ſuos, veramque animorum tranquillitatem æternùm fir-mavit, Novo Theodosio, Novo Mar-tiano *æterna Memoria, æterna Memoria,* Novo Justiniano, qui poſt reſtitutam *ſummis Vigiliis, ſummaque Providentia* Diſciplinam Militarem, poſt partam *innumeris Victoriis* Pacem, inſtaurato inſu-per Juris utriuſque ſtudio fecit, ut utrumque Tem-pus & Bellorum & Pacis Recte in poſterum poſ-ſit, Feliciter, Gloriose gubernari. Dixi.

Act. 18.

MICHAELIS DE LOY
ANTECESSORIS
ET SYNDICI
PANEGYRICUS
LUDOVICO MAGNO

*Pro restituto Parisiensi Academiæ Romani
Juris Studio dictus.*

SI ad agendas LUDOVICO MAGNO verbis amplissimis gratias præclarum aliquod illius factum nostrûm omnium studia ac voces unquam excitavit, ILLUSTRISSIMI REGII DELEGATI, ILLUSTRISSIME DECANE & CONSULTISSIMI ANTECESSORES, VIRI ILLUSTRISSIMI, AUDITORES ORNATISSIMI: illudipsum profectò est, quo huic Academiæ Principi, nescio quo fato, ante seculum ademta Romanas leges interpretandi potestas est restituta. Nam, cum ab Illarum recta ratione & sapientia florentissimi hujus Regni Constitutionibus ac Moribus lucis tantùm accedat & adjumenti, quis non intelligit, sanctissima illa legislatione instaurata, adeóque Gallicana novo quodam fplendore præfidióque inftructa, facinus éffe nullum cumulatiore dignum gratiarum actione. Quo quidem vereor magis ne, ipfum Confultiffimi hújus Ordinis nomine celebraturus, nec facra Auguftiffimi Principis Majeftate, nec Ampliffimo Illuftriffimorum à Rege Delegatorum, aliorúmque, quos hîc frequentiffimos intueor, Illuftriffimorum Virorum confeffu, nec denique aufpicatiffima illa Romani Juris ftudii inftauratione digna mihi contingat Oratio.

Quanquam hoc ipfum quid verear, AUDITORÆS? de eo beneficii genere dicturus, cujus, cum propter Munificentiffimi à quo Nobis eft collatum Principis dignitatem; tum propter uberem, quem ex illo totus, quantus quantus eft Gallicanus Orbis percepturus eft fructum, vel fola eáque fimplex ac omni verborum apparatu deftituta commemoratio tantùm decoris & ornamenti eft habitura. Nihil moror igitur, hócque ipfum ftatim initio dico ac confidenter affirmo, fruftra incredibili LUDOVICI MAGNI prudentia ac fortitudine bellum tam fortiter geftum, támque feliciter confectum; fruftra tamdiu, tam acri diffentientium animorum æftu Hagæ primùm, tum Coloniæ, ac demum Neomagi difputatam, tam verfatili hoftium ad præcavendum intelligendi aftutia; tot diverticulis & tergiverfationibus modò acceptam, modo rejectam, fæpiùs elufam Pacem tandem per folertiffimos illius Interpretes & Adminiftros ingeniofa dexteritate compofitam; nifi, reftituto Romani Juris ftudio, Gallicarum legum Morúmque difciplinam, fine qua

nec

praestantissimus ... Daria fructus commodè percipi,
... incet ... diu cerneri posset LUDO-
VICUS MAGNUS excitasset. Imò hoc ipsum,
... tua, Principum Maxime, contendo; vel uno
... salutare opus est à Te perfectum. Sa-
... Edicto, quàm innumeris, quibus per conti-
nuos septem annos Galliam victoriis illustrasti, quàm
Pace gloriosâ constituta, plus Tibi laudis & gloriae,
... utilitatis ac fructûs esse allatum.

Age verò, ex instaurato hîc Romani Juris studio,
quàm ex tanta rerum à se praeclarè gestarum multitudine majorem LUDOVICO MAGNO fa-
ctam esse gloriae accessionem, primò, ut demon-
... vos interrogo, AUDITORES, quid hoc
est, quod gloria dicitur, nisi illustris & pervagata
multorum ac magnorum in omne genus hominum
... meritorum. [a] Itaque is maximè gloriâ excellit, qui omni virtutum genere plurimùm praestet?
... vestrûm nemo negabit, opinor? Ex quo, quid
... consequitur, nisi ut qui egregia ac singulari
... omnes meritorum fama praestantissimos quos-
que antiquitatis heroas superat, LUDOVICUS
MAGNUS, hic eosdem laudis & gloriae existimatione longe antecellat.

[b] Et certè, quaeso vobiscum animo reputate ingens
illud ac formidolosum bellum, quod cum gentibus
omni rerum copia circumfluentibus, cum ipsa na-
tivâ calliditate atque versutia, cum numerosissimo
totius Europae exercitu; verbo cum Batavis, Hispanis & Germanis per septennium illud integrum
Maximo Principi gerendum fuit, & hoc ipso bello

X

a *Cic. pro Marcello.*

b *Idem pro Plancio.*

noſtris ſic acciſas opulentiſſimorum hominum
fortunas ; ſagaci LUDOVICI MAGNI futu-
rorum cautione ſic illuſam callidiſſimorum prudentiam; noſtrorum robore validiſſimorum exercitus ſic
proſtratos, nobis ut hactenus aſperſam in opum
prodigentiæ; levitatis & inconſtantiæ in conſilii
fortitudine temeritatis labem in perpetuum eluerit.

Ac imprimis quidem tot pecuniarum, quibus
ſplendidiſſimum Regnum hactenus abundaverit,
quàm prudentiſſimi uſque fuerimus diſpenſatores.
Ecquod luculentius adduci argumentum poteſt
graviſſima illa belli poſtremi mole ad quam ſuſti-
nendam tanta nobis rerum omnium ubertas & copia fuit; dum vos temperatiſſimi veſtrarum opum
atque facultatum moderatores Batavi, Hiſpani,
Germani, licet miſerè undecumque corraſis ac con-
junctis pecuniis, rerum fermè omnium præſidio
carebatis. Jam verò, quanta in arduo illo ac per-
difficili adornando bello LUDOVICI MAGNI
prudentiæ lux effulſerit, quàm manifeſtè declaraverit
numeroſiſſima eáque omnium bellicorum inſtru-
mentorum apparatu confertiſſima armamentaria
paſſim collocata ? omni annonæ copiâ refluentiſ-
ſima horrea ubique conſtituta ? per ſingulas, quibus bellum inferre deſtinaverat regiones tam varii
ac multiplices diſtributi commeatus, tot militum
coactæ ac partim in confinium locorum præſidia;
partim in aciem eductæ copiæ; antequam educe-
rentur tot ludicris certaminibus ac bellicis prolu-
ſionibus exercitatæ ? tam impervia in apparandis
ſingulis etiam præcipuis belli Ducibus, quantò

[...] hostibus, prudentissimi Regis consilia? [...] paucas militum nostrorum cohortes ac tur- [...] prius suis instantes mœnibus, priùs sua muni- [...] convellentes perflaverint, quàm nostris [...] esse suspicati. Quanta ejus in eodem ge- rendo bello animi magnitudo, quanta in conficien- [...] tam brevi tempore captæ [...] vel eversæ arces, quot multò longioris posse obsideri vix aliquis credidisset [...] mirificè contestantur? adeo non urbes arcés- [...] capere, non ipsas invadere, sed propriam [...] hæreditatem, nostra præsidia possessionésque ingredi, ac quasi avita bona colligere videbamur. [...] jam undecumque convectæ opes Batavi? [...] frugalitas & parcimonia, Hispani? ubi solers [...] eam graviter consultrix pru- [...] ubi numerosi exercitus, Germani? Trini [...] coite, fœderis socios Gallorum nominis [...] æmulatores aut hostes, qua prece, qua [...] accite; singuli vestras omnium opes, indu- striam ac vires conferte: næ triplicem illum fu- niculum vestrum vel unus LUDOVICUS MAGNUS nullo negotio abscindet: vestra om- nium consilia, spem, conatus, uno quasi spiritu difflabit Quid quod, hæc dum commemoro, ipse suo plenus fato torrentis in modum jam erumpit, obvia quæque sternit, validissimas urbes, arces, munimenta, propugnacula aggreditur, pleraque in- credibili velocitate convellit?

Vestro ab Imperio nequando avolaret à vobis a- vulsas victoriæ alas olim venditabatis, Athenienses,[a]

[a] Pausan. in Lacon.

Ego perniciores illi à LUDOVICO MAGNO
aptatas verè dixerim, ut ad gloriæ faſtigium citato
non dicam curſu, ſed volatu contendentem inſe-
quatur. An videlicet credent poſteri cum audient,
quod nunc etiam penè incredibile eſt, quod hactenus inauditum, quod ipſi credere vix poſſumus
nos, in quorum conſpectu atque oculis geri omnia
videntur adhuc, pluſquàm centum quà urbes, quà
arces hic armorum vi captas, illic vel primo Invi-
ctiſſimi Principis adventûs rumuſculo deditione
functas, priùs à ſe ipſis, ſuo pavore victas, quàm
à nobis obſeſſas? ut, quos ſibi futuros hoſtes, à
quibus, qua parte ſeſe impetendos tacitis judiciis
ſuis ac qualicumque opinione vixdum præſenſerant,
eoſdem certò victores oculis experiri cogerentur.

Quanquam quid intra contractiores occupata-
rum urbium arciúmve anguſtias LUDOVICI
MAGNI gloriam hîc coarcto? quaſi verò longiùs pervagata non ſit! terrâ nimirum maríque ſigna collata ſunt: quot commiſſa certamina, tot
reportatæ victoriæ. Nihil dicam locorum ambages
atque diſcrimina, ecquis non meminit? nihil ab-
ruptos montes malignis vallibus interciſos: nihil
vaſtiſſimos ſaltus denſiſſimis vepribus ac retorridis
virgultis paſſim implexos & horrentes: nihil uli-
ginoſas paludes periculoſiſſimis fluviorum voragi-
nibus intercluſas: ſilebo, quæ hactenus omnino in-
via crediderant hoſtes, loca; ad quæ tamen, innato
magnanimæ genti difficillima quæque audendi per-
ficiendíque ardore milites noſtri abrepti ſibi viam
patefecere. Neque verò alii quæſiti ab ipſis aditus,

... tentatæ flexiones, non ... ami-
... non expectatum donec turgidi ... de-
... ; donec minus firmæ ac instabiles con-
... paludes, ... denique combibaturum,
... derivatum ab iis fuit, ... tam præpropera
festinatione singula penetrabant. Mittam denique ... tempestate. Sequar, cum recogitat non
... nempe plerumque hye-
me, ...que incredibilem præter militum in bello
... gerendo ardorem, intentissimo frigore om-
... durissime constricta ... abrigebant,
... ut non cum hominibus modo, sed
cum ... cum solo, adeoque cum ipsis ferme
omnibus elementis, quorum se præsidio non minus
... hostes jactabant, no-
vo ... novo ... genere hostis inimicis
... dimicandum. O virtus & gloriæ tuæ perpetuo
... fortunam, LUDOVICE MAGNE!
... alio consilio, Tibi ab illa tot hostes,
... opulentos, tam consultos ac valentes, in tam
inviis ac inaccessis locis, tam dura ac peracerba
tempestate, ... objectos, quam ut ex incredibili
illa in vincendo rerum omnium difficultate utraque
clarius eluceret? Illa siquam omnia lubens præ-
termitto, AUDITORES, quæ si iniquioribus pro-
... mihi ad dicendum temporis spatiis coercere
vel... maxime studeam LUDOVICI MAGNI
gloriæ, in eam profecto injuriosus sim.

Alia scilicet alio me vocat, quæ victoriam omnem
superat illius victoria, cujus nullam sibi partem duces, nullam milites, socii, præsidia, aut illa ipsa

quæ sibi humanorum casuum principatum sumit
arrogátque fortuna, vindicare possunt; cujus totam sibi uni gloriam debet, quam ei vel ipsi hostes, quâ major certiórve esse nulla laus possit, e-
tiamnum gratulantur, qua sola verè illi vicisse,
sola verè vicisse Maximus Princeps est dicendus;
illius nimirum singularis clementia cum benigni-
te conjuncta. Scilicet hostes vincere, quid hoc
est? an eorum urbes arcésve expugnare? an propugnacula funditus evertere? an numerosos in cam-
po, in acie profligare exercitus? an non potius
quos Martis dura vis perculit, quos afflixit, eos
jacentes clementer erigere, afflictos benignè sub-
levare, iis pristinam servare, imò & amplificare
dignitatem? an non potius, inquam, iisdem hostibus sese ubique, perpetuò, in omnibus præstare
superiorem? Superior autem an fuisset LUDO-
VICUS MAGNUS, si cum illos armis gloriosè de-
vicisset, sese ipse victoriæ insolentiæ turpiter sub-
jecisset? Si cum ab illis injuriâ facilè esset lacessi-
tus, injuriæ veniam non faciliùs condonasset? Si
gravi adversus se odio exasperatos majori clementia, mansuetudine & humanitate non demulsisset?
Si incredibili patientia non fregisset obstinatos?
Denique si, delusis longioris pacis sequestri fru-
strationibus ac mæandris, hanc illis tum non ob-
tulisset, cum ipsam ne petere quidem honestè se
posse, nedum à nobis ulla debere ratione concedi
iidem hostes arbitrarentur.

Dicite enimverò, hostes, quæ vobis ejusdem ab
omnium Optimo Principe offerendæ ratio, quæ

… dans tum non fueris, ut vel ad ipsos socios … difficili bello … … … erant, … rebus ad bellum quam antea … … … ibus instr… … … … … nullas, qui in Catala… … … ad Rhenitramque ripam cerneret, nullas … … … quacumque pop… Galliæ … LUDOVICUS MAGNUS o… … … … experientissimorum … … militum … … … cum diuturnis … laboribus fracti … … que de quiete otioque cogitabant, tum … … … cum tot quasi acer… … … animos incre-… ad bellum alacritate inflammabant? Numquid … ad eam quacumque etiam durissima conditione volentes nolentes suo arbitrio amplecten-

dam longè anteà pertrahere Rex Maximus potuisset, si tot victoriarum jure uti voluisset, hoc est, si
LUDOVICUS MAGNUS non fuisset. At
expectabat illud tempus, quo non tam de Pace
convenisse vobiscum hostes, quàm illam beneficii
loco concessisse videretur, quo, qua in grave
& periculosum bellum dudum intentos habebat
oculos tota Europa, intelligeret, quàm magno
Maximo Principe esset susceptum, cum ipse etiam
victis tam ultro Pacem nihil tale sperantibus offerret.

Novum profectò victoriæ genus LUDOVICI
MAGNI victoria, & hactenus inauditum, ut ad
victoriam properet, victoriarum cursum abrumpit,
hostes ut vincat, Martium animum subigit ac domat,
utrobique Magnus, utrobique victor, Magnus
cum ad ipsius victoriæ apicem sese sua elati animi
summissione attollit; Victor, cum sese intra illam
sua mentis celsitudine demittit. Id verò cujus esse
dicam, nisi plusquàm heroïcæ, nisi divinæ LUDO-
VICI MAGNI virtutis? qui victorem non se
reputasset nisi seipsum, hostes & victoriam supe-
rasset: seipsum quidem, cum animum tot victoriis
elatum intra modestiæ fines continuit, hostes
cum, quibus certissimum inferre exitium poterat,
eos ab interitu vindicavit, cum spem expectatio-
némque eorum, oblata pace, antevertit: ipsam denique victoriam, cum quodcumque sibi in illorum
vitam, conjuges, liberos ac fortunas illius jure de-
bebatur, ita remisit, ut illius fructum non magna-
nimus Princeps, qui vicerat, sed victi tulerint
soli.

soli. Ego quidem singularem illam clementiam ac benignitatem tuam apud me cogitans, LUDO-VICE MAGNE, sic statuo, hæc qui priscis illis temporibus, quibus bene de Rep. meritis magnificentissima dedicabantur templa, quibus divini honores habebantur, præstitisset, ei aras ac delubra fuisse consecrata, próque Deo habitum, qui tecum comparatus, vix qualicumque dignus existimatione videretur.

Quantùm igitur potero rursus voce contendam: ô novum ex bello confecto pacéque composita gloriæ genus Maximo Principi quæsitum! sed, ô unà uberrimum nobis ex utroque fructum allatum! cujus oblivisci nemo potest, nisi qui ejusdem, cujus modò difficultatibus exercebamur, belli & altissimæ, quâ jam fruimur securitatis sensum omnem abjecit. Bellum scilicet ingens deflagrabat. Ecquis longè latéque serpens incendium non timuit? restinctum est: quis ab eo non respirat? armorum fragore singulæ ferme Europæ partes obstrepebantur: quis illo perculsus non fuit? omnis cecidit; quem tantæ tranquillitatis ac otii lætitia non perfundit? pax avolaverat, revocata est: quis reducis commodis non fruitur ac effectu? Pensiones quasdam belli necessitas extorserat; earum impatientiâ ingemiscebatis Galli, indolebat Optimus Princeps; ecce, primâ, ut ita dicam, pacis luce, eâ nondum omnino firmiter constitutâ, minui cœperunt, in diésque minuuntur. Non ita pridem inculti ac deserti squalebant agri, jam coluntur jucundiùs. Terra maríque interclusa jacebant commercia. Ecquando ma-

gis libera, ecquando magis frequentata sunt? Quid
plura? quarumcumque artium studia importuno tubarum clangore conturbabantur. Ecce, lætius efflo-
rescunt, ut quibus Hispania, Italia, Germania,
Anglia, Batavia &, si quod aliud Imperium est,
hactenus gloriatum fuit, easdem collectas apud se
omnes multò potiori jure Gallia nunc ostentet.
Quo porrò tot bonorum autore & elargitore? non
longum faciam, uno LUDOVICO MAGNO.
Hoc dicto nihil brevius; at certè ad illius laudis &
gloriæ, ad nostrûm omnium utilitatis & commodi
celebrationem an præstantius dici quidquam potest?
Verùm ad sublimiora mentem quæso, deinceps
erigatis, AUDITORES, ac ex instaurato Romani
Juris studio, quàm uberior Maximo Principi gloriæ seges, quàm copiosior nobis succrescat fructus
commemorantem, qua fecistis hactenus alacritate
ac benevolentia audiatis.

    Qui de Principis officio disputant, huic nihil aliud
quàm beatam civium vitam debere esse propositam
affirmant; adeóque, cum id unum censeri verè beatū
possit, cui nihil deest, quod expletum est & consum-
matum [a], ut constitutum sibi finem assequi aliquando possit, civitatem justitiâ, optimísque legibus esse muniendam. Vestram hîc appello fidem, Romani; unde vobis superba hæc & arrogans, Regum, Gentium, imò & totius Orbis Dominorum
appellatio? ab armorum tractatione & usu? an ab
ipsa vestrarum legum sanctitate? quòd continuis
bellorum turbinibus omnia passim turbaveritis?
an quòd, ipsarum communicatione legum, illorum

Remp. opibus locupletem, gloriâ splendidam, religione sanctam præstitistis?

Mihi quidem variam ac multiplicem cùm do-
minatoris populi, tum devictarum ab illo gentium
fortunam cogitanti, hoc admirabile visum est semper, quòd, cum victricibus illius armis, hæ nonnisi
repugnantes ac coactæ cesserint, earum tamen vix
aliqua extiterit unquam, quæ sese illius legibus ultrò
non subjecerit. Tanti scilicet harum vinci vinciríque
æquitate fuit, ut, quibus hæc ipsa triumphatoris
populi fortuna pepercerat; hi, quia sanctissima illius sibi carendum erat Legislatione, subactarum
conditione gentium suam longè infeliciorem re-
putarent.

Et quidem meritò. quid enim ad regendam civium societatem utile? quid ad eam tuendam necessarium? quid ad amplificandam dignitatem augu-
stum excogitari potest, quod divina illa Legislatio
non complectatur? hæc Principes ad amorem &
benevolentiam erga subditos; subditos ad studium
& reverentiam erga Principes, Charitatem erga
patriam, Pietatem erga parentes; hæc ad Dei cultum cives universos, ad mutua quemque invicem
officia movet ac impellit. Hæc privatum hominem
facit in periculis humanorúmque casuum despicien-
tia fortem; in bonorum ac malorum delectu pru-
dentem ac cautum. Hac, quasi injecto temperan-
tiæ fræno, domitas animi cupiditates habet; hac
denique, communi servata utilitate, suam cuique
tribuit dignitatem.

Quæ quidem nisi ita sint, AUDITORES, cur

varia ac multiplex Gothorum natio, quæ illud mundi caput, illam totius juris & æqui parentem Romam ᵃ armorum impetu funditùs evertit, eam judiciorum fuorum Ducem ac moderatricem amplexa eft? Cur illius Reges Ataulphus & Theodoricus? Cur ille, à quo per Anianum Regni Cancellarium excitata eft, Alaricus Secundus eam tanta follicitudine ac cura excoluerunt, excultam ad numerofas illas gentes, quas fuæ poftea ditioni fubjecere, tranfmiferunt? Cur Pharamundus, Clodovæus, Chilpericus, Carolus Magnus, Ludovicus Sanctus, Philippus uterque Auguftus & Pulcher? cur Francifcus primus & Henricus fecundus in promovendo amplificandóque illius ftudio tanta animorum contentione collaborarunt? Cur ipforum alii, qui præftantiffima illa æqui & boni arte, fua ætate excellebant, Jurifconfultos in oculis, in complexu perpetuò habuerunt? alii ad patrocinandi munus, & quofcumque Magiftratus admitti neminem voluere, nifi qui fuæ in illa eruditionis locuples fpecimen ediffet? Cur tot Provinciæ, tot Imperia, ac Gentes, illam quafi adoptionis jure dignatæ funt? cur non hofpitari modò & peregrinari apud fe paffæ funt; fed & illi magnificentiffima publico regióque fumptu domicilia conftituerunt? ac demum fanctiffimos, qui illius facris operarentur myftas tantâ curâ & ftudio, undecumque arceffivere, arceffitos honorificentiffimis præmiis exornarunt?

Quid fecifti igitur, LUDOVICE MAGNE, cum tot oppida cepifti, tot arces, tot propugnacula partim occupafti, partim evertifti? cum tot

regiones paſſibus dicam, an victoriis peragraſti? cum
terrâ maríque hactenus fluxam & errantem belli fortunam nobis quaſi deſpondiſti? cum tot Gallici nominis antiquos aut æmulos aut hoſtes aviti recuperá-
di patrimonii, ut hoc Imperium lepidi homines vocant, blanda ſpe lactatos, eíq; quaſi certiſſimæ prædæ
patulo oris rictu dudum inhiantes illâ dejeciſti? Cum
pacem, cui novas quotidie moras ſuis ludificationi-
bus malè conſulti innectebant hoſtes revocaſti? cum
ſocios pecuniarum, militum, quid moror? omni
ferme rerum ad bellum gerendum neceſſariarum
penuria laborantes conſilio, armis, pecuniis,
militibus adjuviſti; cum illos magna jam ditionis
parte ſpoliatos, eidem reſtituiſti? Non dicam aſ-
ſentatoriè, non elatè, ſed verè: quòd Batavorum
opes tuis everteris, inſignis frugalitatis ac parſimoniæ
fuit; quòd eorum inſolentiam compreſſeris, Galliæ
dignitatis: quòd Hiſpanorum calliditatem illuſeris,
prudentiæ: quòd Germanorum robur atque ferocita-
tem contuderis, fortitudinis; quòd incautis peſti-
ferum belli halitum afflantes, pacíque quaſi per
cuniculos obnitentes diſſociaveris, illámque com-
poſueris, dexteritatis ac induſtriæ ſingularis: quòd
periclitantibus ſociis benignam manum porrexe-
ris, fidei inconcuſſæ: quòd denique ſingula tam
brevi tempore confeceris, prorſus inauditæ felicitatis.

At verò, quid è contrario feciſti, LUDOVICE
MAGNE, cum æquiſſimarum ſtudium legum ex-
citaſti? dicam ingenuè, quicquid ſolidæ prudentiæ eſt, quicquid fortitudinis, induſtriæ ac felici-

tatis conjunxisti. Vulnera quædam bellum intulerat, hæc obduxisti, armis ad beatam civium vitam proluseras, legibus eam absolvisti. Illorum instructus robore regnum novis amplificare accessionibus poteras, tueri à Te jam parta sanctissima legislatione maluisti. Bello, inquam, feliciter confecto pacem toti Galliæ dederas, ipsam præclara illa instauratione æternam fecisti. Quid prætereà? pax, illa

—— *Pax optima rerum*
Quas homini novisse datum est, pax una triumphis
Innumeris potior "

a *Sil. Ital.*

Opes & abundantiam reduxerat, has legum præsidio munitas esse voluisti, ne malitiosis calumniantium dolis ac veteratoriis machinationibus ampliùs paterent occurristi. Rursus quæram, quid fecisti, Regum Maxime, cum æquissimas leges restituisti? non est difficile augurari: strenuum belli Ducem hactenus præstiteras, regem induisti. Ecquem enim tam magnifica ac illustri appellatione dignum existimare par est, nisi qui commissum regimini suo regnum regat, qui præliorum, victoriæ ac triumphorum oblitus omnium, uni illius tranquillitati optimarum legum sanctione procurandæ, constitutum se esse meminerit.

Nisi fortè delirabat dilectus Ille Deo Opt. Max. populus, cum illos, quos sibi summo cum imperio præeesse voluerat, non Reges, non Imperatores, sed Judices eo tempore appellavit, quo sua florens ac beata Resp. fuit. Equidem, quoties in mentem venit sanctissima illa disciplina restituta, illud mihi

imperare non poſſum, ut ſileam, videri illam ſupe-
riori ſeculo collapſam, ut hoc ipſo tantus illius
emendator contingeres, peſſimos videri mores in-
vectos, ut optimos ſufficeres: ut quicquid hactenus
illuſtre præſtitiſti, quicquid ſplendidum poſthac ge-
ſturus es, egregio illo facinore tuo haud dubiè obſcu-
retur; ut cum cæteris rebus à Te anteà præclarè ge-
ſtis Magni cognomen jam eſſes adeptus, hac po-
ſtrema Maximi appellationem jure ſis conſequutus.

Intelligebas ſcilicet, Principum ſapientiſſime,
quam majori tibi laudi ac gloriæ eſſet futurum ſa-
luberrima illa legum ſanctione vel unum in pace
tueri civem, quàm innumeros in bello hoſtes armis
trucidare; quàm cæteris Tibi potior futura eſſet civi-
ca corona, qui bellum non alia mente ſuſceperas,
quàm ut per ipſum pacem conciliares; ita pacem
conſtitueras, ut, revocatis æquiſſimis legibus, omnem
deinceps belli occaſionem præcideres. Noveras,
quod ille Spartanorum Rex Ageſilaüs, non telis,
non gladiis aut ingenti militum manu, ſed juſtitiæ
legúmque præſidio Reip. fines eſſe muniendos. Et
hoc ipſum quoque audieras, quod eſt apud Ho-
merum, Jovis alumnos reges non expugnatores urbium, non domitores populorum appellari; hos ab
illo non militares machinas, non tormenta belli-
ca, ſed juſtitiam accepiſſe. Atque ut profanos o-
mittam, cum de Te, ſacratiſſime Princeps, dico,
noveras illum, quem Deus Opt. Max. ſuum corcu-
lum, ſuas delitias appellitare conſueverat, Davidem,
cum primùm Iſraëlitici Regni ſummâ potitus eſt, nihil ab illo impenſiùs efflagitaſſe, quàm ut Legiſlato-

Pſalm. 9.
ỹ. ult.

rem ſuper populum ſuum conſtitueret. [a] Noveras ſapientiſſimum illius filium Salomonem, inter ipſa, quibus Regnum conſecravit primordia, ab eodem præpotenti Numine non florentes amicitias, non opes aut copias, non famæ conſtantiam, non vitæ diuturnitatem, non hoſtium excidia aut ſtrages, ſed ſapientiam atque intelligentiam poſtulaſſe, ut ſubdi-

b 3. Reg. verſ.
9. & 11.

to ſibi populo juſtè ac legitimè imperaret. [b] Sæpiùs in mentem revocabas Regum quidem eſſe gladium, ſed ut illo adverſus facinoroſorum hominum crimina animadvertant, tutáque ſit inter illos proborum innocentia ; illius ut præſidio leges muniantur, quæ ſupplicio improbos afficiunt, defendunt & tuentur

c Cic. 2. de
legib.

bonos. [c] Non ignorabas Optimo Principi quàm præſtantiùs ad gloriam & decus ſubditis æquitatis & juſtitiæ ſplendore prælucere, quàm Imperii fines longè latéque armis amplificare, ad amplificandos finitimorum poſſeſſiones invadere iíſque diteſcere. Denique memineras auſpicatiſſimi illius diei, quo, ut major renuntiareris, cum frequentiſſimum Senatum eſſes ingreſſus, jam tum palam ac publicè profeſſus es, Te, Deo opitulante, perfecturum, ut florentiſsimum hoc Regnum, cujus adminiſtrationem ſuſcipiebas, ſumma uſque æquitate & juſtitia moderareris: ut, qui armorum ac fortitudinis gloriâ præſtantiſsimum avum Henricum Magnum brevi eras ſuperaturus, Juſtitiæ quoque laude Juſtiſsimum parentem Ludovicum anteires. Ac tuam quidem illam fidem cumulatè pridem impleviſti, LUDOVICE MAGNE, niſi quod exinde conceptam à nobis de Te expectationem longo poſtea intervallo præcurriſti.   O egre-

O egregiam Maximi Principis laudem! ô gloriam immensam! AUDITORES, quæ non ex hostium cæde & occisione, sed ex parta civibus tranquillitate splendescit. Quanquam, demus ad summi
gloriam Principis magnum aliquod esse & excellens
urbes urbibus, provincias provinciis, armorum viribus adjunxisse, innumeros hostes superâsse : modò
illud quoque mihi concedatur, plùs Draconi, Lycur-
go & Soloni, à quibus sua cujusque civitas optimis
legibus est fundata, laudis ac gloriæ deberi; quàm
Epaminondæ, Themistocli tótque aliis præclaris-
simis belli Ducibus, qui suam quisque Patriam
illustri armorum gloriâ exornarunt, quorum
res in bello magnificè gestæ cum semel aut iterum profuerint, egregia illa sapientissimorum Legislatorum facinora perpetuò sunt profutura: modò,
inquam, id mihi concedatur, vel uni Justiniano, antea confusas ac malè consarcinatas Romanorum
leges, posteà in luculentum ordinem digestas,
plùs famæ existimationísque attulisse, quàm Sci-
pionibus, Pompeiis, Cæsaribus, aliísque præstan-
tissimis quibusque Bellatoribus Orbem universum
armorum felicitate subactum.

Nisi forte Moderatori Reipublicæ ad famam glo-
riosiùs quis putet cruentas hostium strages perpetuò edere; ad oblectationem jucundiùs in populo-
sissimis quondam Civitatibus vastissimam solitu-
dinem: ubi florentes ac beati Cives, ibi cadave-
rum truci adhuc vultu minas spirantium acervos
intueri; luctuoso aut pollutarum aut eversarum
à sacrilegis hominibus Deo sacrarum ædium

spectaculo oculos pascere, Virginum pudicitiæ vim illatam, cùm Civium tum Rusticorum ædes incendio adhuc fumantes, direptos agros, abacta undique pecora conspicere, miseros omnes ancipitem usque Martis experiri aleam, tubarum clangore perpetuò obstrepi, quàm lætos ac hilares in blandæ pacis sinu molliter conquiescere. Nisi intelligentissimo Principi in ordinanda Republica, ut belli ita & pacis tempori consulendum non est, &, quia illud multa juvant, periculi metus, vitæque ac fortunarum discrimen; hæc difficilior est, quia eam vel ipsa securitas dissolvit; illud pluribus, hæc paucioribus præsidiis sit fulcienda: nisi civile ac domesticum, quod ex legum eversione certò semper exoritur, bellum, quàm externum minùs est metuendum, quòd in externo qualiscumque victoriæ lux semper affulgeat, in civili nunquam non certum exitium speretur; in extero Resp. exerceatur, in civili funditus evertatur: ad illud restinguendum sociatis viribus, parentes, liberi, cognati affines statim convolent; hoc parentum, liberorum, cognatorum, affinium & propinquorum simultates ac odia accendant.

Verùm, quid in Romanæ Jurisprudentiæ maximíque Principis in ea Parisiensi Academiæ restituenda prædicandis laudibus tanto spiritu animaris, forte jam obmurmurat aliquis? Quid ex illa celebratissima instauratione in totam Galliam utilitatis & fructûs est obventurum? Quotus enim quisque tam patiens est, ut velit discere, quod in usu non sit habiturus? adde quod difficile est, tenere quæ acceperis, nisi exerceas [a]? Itane verò, bone vir, ignoras, quantùm hæc Civilis prudentia Regni hujus legibus ac moribus lucis afferat , quantùm emolumenti ? quantùm ab iis, qui primùm Gallicanæ rei præfuerunt, ac deinde à Christianissimis Regibus nostris, qui in illorum jura successerunt, quantùm ab iisdem nostris legibus & moribus auctoritatis acceperit ? Nescis in iis, quæ scripti Juris dicuntur Provinciis, non Regias Constitutiones, non Municipale jus obtinere, sed præclaram illam Jurisprudentiam ipsorum vice esse ? Ex illis ipsis Provinciis quoties ad amplissimum hunc Ordinem dirimendæ controversiæ deferuntur , neque ipsis Constitutionibus, neque Consuetudinario jure, sed scripta illa ratione decidi ? tam angustis denique finibus Gallicanam Legislationem circumscribi, ut, hæc ipsa deficiente, ad sapientissimam illam legum Ordinationem quasi ad jus quoddam omnium Gentium commune recurrere oporteat : ut non jam alienæ, sed nostræ hujus Galliæ, cujus dudum jure donata est, propria dici possit : ut, qui ei jam peregrinitatem objecerit, hunc in media Gallia peregrinum se ac hospitem fateri necesse sit.

Quid mirum igitur, si præclarum illud factum tuum, si utilissimam illam Romani Juris studii instaurationem, cum primùm Illius ad exitum perductæ sparsus est rumor, tanta sapientiæ tuæ commendatione, tantâ meritorum erga Remp. tuorum famâ optimi quique cives celebrarunt, LUDOVICE MAGNE? si tam effuso exultantis animi sensu eam excepistis, Parisienses, quibus quàm

[a] Plin. lib. 8. Epist. 14.

moleftum hactenus fuerat à teneris amplexibus veftris , chariffimos liberos ad legum difciplinam informandos eò ablegari , ubi diffolutis ác perditis moribus plerunque affuefcerent & , quod omnium acerbiffimum eft , infelicibus ac propudiofis conjunctionibus familiarum honeftatem dedecorarent: tam jucundum impofterum eft futurum, hîc Maximi Principis providentia , fine ullo fumptu, nullo veftro aut illorum periculo videre eidem ftudio incumbentes. Ubi enimverò jucundiùs, ut aiebat ille, morantur adolefcentes, quàm in patria? aut pudicè magis continentur , quàm fub oculis parentum? aut minore fumptu, quàm domi, quàm in confpectu veftro, quàm in Academia Galliarum, hoc eft in Parifienfi, quæ veftra præfentia, autoritate ac lege regitur? Quò magis prudentiam veftram fufpicio, Lacedæmonii, à quibus cum quinquaginta pueros obfides Antipater fibi dari poftulaffet, viros centum dare vos malle refpondiftis. Tanta erat veftra in liberorum educatione cura & follicitudo! tantus metus, ne illorum cerea & ad omnia ductilis ætas exterorum peregrinitate morum infecta , fuorum labem aliquam contraheret.

Ite jam LUDOVICI MAGNI bellicæ virtutis ac gloriæ amplificatores magnifici : illum Civilis extinctorem belli ftatim à cunabulis ; vixdum ineunte virili ætate unicum Regni moderatorem & adminiftrum prædicate. Totum illius vitæ curfum continuam miraculorum feriem dicite. Quod de fe Pompeius olim jactitabat [a]: Ego Imperator, bello triginta annorum confecto fudi, fugavi, occidi, in

a Plin. nat. hift. lib. 7. cap. 26.

deditionem accepi hominum contra, vicies femel
oginaginta tria millia : naves trecentas quadraginta
fex aut demerfi, aut cepi : cùm oppida tum caftella
mille quingenta triginta octo in fidem recepi. Quod
de fe Julius Cæfar gloriabatur [b], præter Civiles victo-
rias undecies centies nonaginta duo hominum millia trucidavi. Hoc totum Maximo Principi tribuite.
Imò (neque enim affingere quicquam necefle eft)
Condatum & Bochanium, obfiftentibus quadra-
gies mille & amplius hoftibus ab eo occupata, ex-
pugnatum Limburgum, domitam Cerdaniam,
cruenta hoftium ftrage liberatum ad Mofam Tra-
jectum, captas Valencennas, Cameracum, Fanum
Audomari, Ypras, Gandavum, Gurfthenium; ac, ne
omnia figillatim percurram, quorum unâ copiâ
laboro, centum & amplius feu urbes, feu arces,
quà armorum vi, quà deditione occupatas prædicare. Terrâ maríque feliciter commiffa certamina
ad Senefum, Zeintzæmium, Turquenfes valles,
Caffelli montes & Heinfemium; ter apud Meffa-
nam, femel apud Panormum victam Hifpanorum
claffem, Batavorum femel apud Tabacum exuftam,
innumeros denique à LUDOVICO MAGNO
aut fugatos aut internecione deletos hoftes com-
memorate. Hunc denique Europæ triumphatorem,
belli fulmen, pacis decus & arbitrum appellate.
Quàm magnificentiùs de fe hoc ipfum prædicare
poteft ? Bellum per totam Europam exarferat, ipfum
reftinxi; hoftes univerfos, quod facile erat, non trucidavi, quia meipfum, quod difficilius eft, quàm
hoftes vincere malui, quia plures fervatos ci-

b Idem eod.
lib. cap. 25.

ves volui. Victoriam, inquam, continui, quia non
solùm vincere, sed & scire vincere gloriosum duxi. Pacem, quæ belli fructus est, composui: quibus
civium fortunæ ac opæ miserè evertuntur, litium
tricas, inexplicabiles mæandros, & nunquam aliàs
intermorituras ambages resecui; verbo, optimarum
legum, quæ pacis retinacula sunt, studium revo-
cavi: quæ in pulla non ita pridem mœrebat veste
sanctissimam legislationem solio, unde malè dejectà
fuerat, restitui. Ut quòd imposterum cives respi-
rent, quòd stent incolumes ac quieti, quòd commercia frequentent, quòd eorum commodis fruan-
tur & utilitate, mihi referendum sit acceptum.

Quanquam neque necesse est tantam illam tuam
animi Magnitudinem, tantum in summa potestate
rerum omnium modum, à Te prædicari, LUDO-
VICE MAGNE, qui, quantùm tot egregiæ
virtutes tuæ laudationem omnem superant, tantùm
abes ab illarum commendationis necessitate. Tibi satis hactenus fuerit illas tanto studio excoluisse. Non
deerunt egregiæ quam tibi per eas peperisti existima-
tionis eximii præcones. Quid quod & illas laudabunt,
qui singulas toties experti sunt, qui illarum fructu
aliquando se usuros ne sperare quidem ausi unquam
fuissent, hostes: si tamen hostes jam dicendi sunt,
quos omnes egregiis illis virtutibus tuis amicos
fecisti. Nos, quorum animis penitus insident,
quibus illarum memoriam nulla temporis diutur-
nitas eximet, uni modò, quam ex instaurata legum
disciplina Tibi comparasti, extollendæ gloriæ toti
acquiescemus, hanc unam prædicabimus. Com-

modum porro ac Oratori facile laudationis genus, AUDITORES, de quo quantulumcumque
dixerit, nullus eorum qui audiet, maxima quæque
animo non cogitabit : quia revera plura, quàm
quæ dici excogitarive poſſunt, experietur. Expeditam
Panegyrim, quam verbo abſolverit, qui Maximum Principem Legiſlatorem dixerit, vel una appellatione ambitioſiſſima quæque nomina, magni-
ficentiſſimos quoſque titulos complexum.

Verùm, ſentio jam mihi dicendi finem eſſe faciendum, ILLUSTRISSIMI REGII DELE-
GATI, ne incredibili, quâ me hactenus dignati
eſtis, patientia velle videar abuti. At, quid cogito,
quid molior? an citra LUDOVICI MAGNI gloriæ
injuriam, quarum vos locupletiſſimos habemus te-
ſtes, divinas illas & Regnantis majeſtate tam dignas
præterire voces poſſum, in quas totus lætitiâ geſtiens
vobis audientibus, frequenti Aulicorum comitatu
admirante, ſtatim atque ſalutari inſtaurati Legum ſtudii Edicto ſubſcripſit, Maximus Princeps erupit :
Dudum, audiat, ſi quis eſt, qui in æquiſſimarum
diſdiplina legum excitanda incredibile illius ſtudium hactenus ignoravit, ſi quis eſt qui quantùm ex
illa fructus impoſterum eſt profecturum non intellexit. Audiat, inquam, verba non in ære incidenda
aut marmore, ſed noſtris omnium, ſed nepotum
poſterorúmque altiùs infigenda animis. Dudum do-
lebam, inquit, & vehementer animo angebar in
toto Regno ad viliſſimas quaſque exercendas
artes, ex ſanctiſſimis Majorum meorum Conſtitu-
tionibus, admitti neminem, qui ſuæ in illis indu-

ftriæ periculum non feciſſet; in æqui, boníque arte, quâ ad regendam civium vitam, ad familiarum decus & fortunas alendas nullum à Deo Opt. Max. hominibus præſtantius eſt tributum munus, tam paucos Magiſtratus eſſe verſatos.

O me parum conſultum, AUDITORES! qui in prædicanda ob reſtitutum Romani Juris ſtudium LUDOVICI MAGNI gloria, in percenſendis ejuſdem reſtituti ſtudii commodis ac fructu tantùm operæ, tantùm temporis hactenus impendi; qui ab aureis illis ipſius vocibus Orationis exordium non duxi; quod ſi feciſſem, illico peroraſſem; quantùm ex illius inſtauratione ſibi Maximus Princeps gloriæ comparavit, quantùm compendii ac lucri ex illo tota Gallia eſt perceptura ſtatim conſtitiſſet. Vox enim me deficit tantum támque ingens beneficium, ut par eſt, celebrare; quantò magis meritas pro eo gratias agere meditantem! Quamcumque videlicet Panegyrim, quamcumque gratiarum Actionem ſuperant illius præſtantia & magnitudo. Verùm, tam juſto officio deerimus nos, per quos cæteri debitum perſolvere omni cura ac ſtudio edocentur? quia immenſum eſt illud, quod in nos LUDOVICUS MAGNUS contulit, nihil omnino invicem rependemus? contra Juris leges tam turpiter committemus, quibus inſigni illius munificentiâ Juris Profeſſio eſt reſtituta? ſilebimus, qui, quòd hîc loquamur, quod tam amplum nobis ac locuples ſuppetat loquendi argumentum, Maximi Principis munificentiæ debemus. Quin imò, quamdiu ſtabit Princeps Academia;

demia; stabit autem semper, cui temporum æternitatem nunquam moritura liberalium artium studia portendunt, omnium ore celebrabitur ille dies,
quo egregia illa Juris instauratio est à Te perfecta,
LUDOVICE MAGNE. Hunc celebrabit &
lectissimus, quem hîc circumfusum ac frequentem
intueor juventutis flos, quem eodem nobiscum beneficio devinxisti. Quanto hunc gaudio parentes filiis,
filii nepotibus, quàm sæpe ac jucundè renarrabunt;
hoc ipso die, hoc anno, dicent, LUDOVICUS MA
GNUS, domitis Batavis, fractis Hispanis, subacto
Belgio, excisis Germanis, bello adversus omnes
fortiter confecto, illis pace gloriosè edictâ, pacatâ totâ Europâ, Imperium æquissimis Legibus
firmavit, suæ gloriæ, votis omnium nostris, utilitati ac commodis cumulum imposuit.

Magnum seminarium est hominum ad Reipub.
Munia tam secularia, quàm Ecclesiastica promovendorum hæc Juridica Schola[a], Principum Maxime, hinc decus tuum, hinc titulos reputes, quòd,
quotquot deinceps cùm Civiles, tum Ecclesiasticas dignè implebunt Curules restituto à Te in illa
Canonici ac Civilis Juris Studio debeatur. Hanc
inquam tibi propriam in solidum gloriam tribuas,
quòd, quicquid à Clericis sanctum, quicquid bonum
& æquum à Magistratibus, quicquid à Nobis omnibus, quos, Studiosæ Juventutis ad amplectendum Juris
Studium ardor in posterum ad docendum vehementiùs excitabit, egregium & laudabile est profecturum,
totum Te agnoscat Autorem. Hoc unum, quod vel
ipsa vetustate quotidie efflorescet, Statuis, triumpho.

rum Arcubus, monumentis denique omnibus honorificentius arbitrare.

Nos interim, AUDITORES, quos solennis hic festúsque dies ad insolitum gaudium provocat & accendit, quos incredibili lætitia perfundit, in has saltem voces gratissimi animi nostri testes unà singuli erumpamus: has Aulæ istius parietes, tota Parisiensis Academia, tota Princeps Civitas, tota, quanta quanta est, quæ ab illa quasi spiritum ducit, Gallia ingeminet. Sis perpetuò felix, sis fortunatus, LUDOVICE MAGNE, per quem, æquissimis legibus constitutis est effectum, ut in posterum felices simus ac fortunati: Panegyricorum denique omnium, omnium laudationum loco, non quidem parta à devictis Gentibus cognomina, non vani & inanes tituli, non ad pompam ostentationémve adornatæ appellationes, LUDOVICUS IBERICUS, GERMANICUS, BELGICUS, BATAVICUS, SEQUANICUS, BELLATOR, PACIFICUS; sed, quæ omnes complectatur, omnes dignitate superet: hæc una, inquam, perpetuò, ubique circumsonet Nostra, Literatorum, Gallorum denique omnium conjuncta vox, LUDOVICUS MAGNUS, LUDOVICUS LEGISLATOR.

An verò Te, hîc prætermittam, TELLERI ILLUSTRISSIME, quo procurante, toti Regno tam utilis ac necessaria Romani Juris instauratio est ad exitum feliciter perducta? Profectò, ut sileam imperat tua illa modestia singularis nulli hactenus non perspecta ; ut loquar collati in nos beneficii magnitudo cogit : modestiam non onerabo tamen, VIR ILLUSTRISSIME: scio ad omne laudationis genus aures tuas dudum obsurduisse, quam mereri praestantius semper existimâsti, quàm referre : invisam tibi quamcumque laudem nisi cum Maximi Principis, cujus unius gloriae semper serviisti laude conjunctam ; à Te praeclarum hoc opus ita illius auspiciis absolutum, ut ipsum totum à Maximo Principe uno gestum videri ; ut ad hunc in solidum illius gloriam volueris pertinere. Et verò, quàm utiliter hanc liberalissimo Principi gloriam foenerasti, VIR ILLUSTRISSIME! quem ad hanc Regni arcem, unde hominum sortes rerúmque fata dispensantur, ad illum sibi proximum honoris gradum evexit, quo Te publica Civium vox, cui divinum quidpiam semper inest, constánsque totius Europae fama tam dignum dudum praedicabat, quo nostris omnium votis vel multò ante fruebare, quàm ad ipsum esses evectus. Gaude illa tua excellenti laborum vel mercede vel irritamento, VIR ILLUSTRISSIME, diúque ac multùm fruere: & quoniam, pro collato Nobis totíque Reipublicae beneficio singulari, nulla satis ampla tibi referri laus potest, gloriosâ praestantissimi Muneris pasce animum recordatione, quâ majorem nullum capere potes illius fructum.

An vos similiter ingrato silentio praeteribo, ILLUSTRISSIMI REGII DELEGATI, BOUCHERATI & BAZINI, ambo ad ardua quaeque obeunda Reipublicae Munia toties, tantâ probitatis, fidei,

A a ij

ac dexteritatis fama ab omnium Principe Maximo asciti ? An præclaras inprimis Legationes omittam, BOUCHERATI ILLUSTRISSIME , quibus quà in Occitania, quà in Britannia difficillimis plerumque temporibus tam consummato rerum omnium usu, tantâ prudentiâ functus es, ut, quod vix uni aut alteri contigit, & Regi & illis tua æquè officia probaveris ? An illam, ILLUSTRISSIME BAZINI, quam in eadem Occitania ea ingenii vi executus es, nulla ut expediendorum illius negotiorum quantumvis immensâ mole laborares, nulla multitudine ac varietate explereris ?

Sentio me jam in lubrico versari, AUDITORES: mihi scilicet juge illud ac continuum ILLUSTRISSIMI PELLETERII hujus Scholæ Decani modò apud Regem, modò apud Illustrissimum Cancellarium in toto hoc operoso Juridici Collegii instaurandi negotio labor ordine celebrandus occurrit. Ampla quidem & locuples dicendi materia vitæ illius sanctitas prope singularis, morum eximia facilitas ac candor , irrequieta in feliciffimæ prolis educatione cura , benignitas blandâ sermonis affabilitate condîta, ingens ac indefeffum boni publici studium in ea Præfectura , quam per octo annos tanta in LUDOVICUM MAGNUM fide, tanto Civium bono administravit. Ingens, inquam ac locuples dicendi argumentum, nifi ipsum ex Clariffimis Collegis unus anteà occupaffet ; five potius, nifi , ut (quod panegyrim omnem superat) elogio tuo abstinerem, VIR ILLUSTRISSIME , mihi impenfiùs præcepif

ſes. Parebo igitur lubens, & quem panegyris argumentum habere aliquando velim, meminero me
habere hîc LUDOVICI MAGNI Laudationis
Auditorem.

An denique de Te ſilebo, ILLUSTRISSIME
BIGNONI, nuper Ampliſſimi Ordinis clariſſimum
Lumen & certiſſimum Oraculum, ejuſdem amor
ac deliciæ ; nunc Regii Conſiſtorii decus & ornamentum, cujus communi conſilio arduum illud negotium eſt abſolutum ? Ita eſt, ſilebo. Quid enim
ad egregiæ commendationem famæ à me dici unquam poteſt, quod tua inſons bonitas, comitas
ſermonis, ingenii vis ac perſpicacitas, lux doctrinæ,
prudentia in graviſſimis rerum momentis conſum-
mata longo non ſuperet intervallo ? Quid ſupereſt
igitur, ILLUSTRISSIMI VIRI, niſi ut, quoniam
tot præclaris erga nos meritis rependendis par eſſe
nulla dicendi ubertas poteſt, unum ſaltem pollicea-
mur, futurum ut nec Maximum Principem collati
beneficii, nec vos ſuſceptæ in illo promovendo ſol-
licitudinis unquam pœniteat. Efficiemus certè, ut
non aliis quàm Nobis, ad Regni totius decus, &
commodum meliùs potuiſſe collocari ex ipſo felici
laborum noſtrorum ſucceſſu comprobatum omnes
habeatis.